Bruce Wilkinson

ORACIONES para ser *libres* de PREOCUPACIONES y ANSIEDADES

Publicado por
Unilit
Medley, FL 33166

Primera edición 2018
Primera edición 2018 (Serie Favoritos)

Título del original en inglés: *Prayers for Freedom over Worry and Anxiety*
Publicado por *Harvest House Publishers*
Eugene, Oregon 97402
www.harvesthousepublishers.com

Traducción: *Concepción Ramos*
Edición: *Nancy Pineda*
Diseño de cubierta e interior: *BGG Designs, www.bggdesigns7.com*

Producto: 497060
ISBN: 0-7899-2390-4 / 978-0-7899-2390-5

Categoría: *Vida cristiana / Crecimiento espiritual / Oración*
Category: *Christian Living / Spiritual Growth / Prayer*

Impreso en Colombia
Printed in Colombia

Dedicado a todos los que desean dejar atrás la preocupación, y caminar en paz y satisfacción constantes.

Mi deseo es que logres encontrar prácticas respuestas bíblicas y oraciones significativas dentro de estas páginas.

¡Que tu oración con nosotros cada día sea justo lo que necesitas para ese día!

Reconocimientos

Este libro solo podría ser posible con las habilidades creativas y de escritura de mi talentoso editor, que solicitó el anonimato.

Gracias por tu corazón para el Señor y la sensibilidad hacia los demás, como se demuestra a través de este libro.

Contenido

Contenido

Introducción

Si eres como el resto de nosotros, luchas con la ansiedad y la preocupación de vez en cuando. ¿Cierto? Por eso, ¿no te gustaría que las respuestas probadas para la ansiedad den resultados siempre? No, no estoy prometiendo de más ni exagerando la verdad siquiera un poco.

Sin embargo, antes que revelemos estas soluciones eficaces para la ansiedad, ¿qué tal si te examinas un poco a ti mismo? Detente por un momento, y hazte un examen personal y responde las preguntas a continuación con tanta sinceridad como te sea posible.

1. Experimentas sentimientos de preocupación o ansiedad:
   - ☐ Muchas veces al día
   - ☐ Una o dos veces al día
   - ☐ Un par de veces a la semana
   - ☐ Una vez a la semana
   - ☐ Casi nunca
   - ☐ Nunca

   Si marcaste «Nunca», busca la manera de devolver este libro y recuperar tu dinero. ¡O dáselo a alguien que conozcas que sufre de ansiedad!

2. En una escala del 1 (muy bajo) al 10 (muy alto), ¿cuán fuertes y problemáticos son esos sentimientos de ansiedad y preocupación? ________

3. ¿Has tomado alguna vez drogas o medicamentos para ayudarte a lidiar con la ansiedad? ________

4. Por lo general, ¿cómo afrontas la ansiedad cuando la sientes? Haz un círculo en las tácticas, o márcalas, que usas para aliviar tu ansiedad:

    - ☐ A veces, uso drogas para superarla.
    - ☐ A veces, uso el alcohol para superarla.
    - ☐ A veces, uso la pornografía para superarla.
    - ☐ A veces, como demasiado para superarla.
    - ☐ A veces, caigo en depresión y duermo mucho para superarla.
    - ☐ A veces, hago ejercicios para superarla.
    - ☐ A veces, me aíslo de todo el mundo para superarla.
    - ☐ A veces, trabajo demasiado para superarla.
    - ☐ A veces, veo televisión o navego por internet para superarla.
    - ☐ A veces, oro y leo mi Biblia para superarla.

5. ¿Cuán difícil crees que será para ti librarte de la ansiedad y la preocupación?

    - ☐ Creo que nunca lograré vencer mi ansiedad.

- ☐ Creo que tendré que seguir con los medicamentos para la ansiedad a fin de ser lo bastante libre.
- ☐ Creo que me llevará años conquistar la ansiedad.
- ☐ Creo que llevará demasiado esfuerzo y no va a resultar.
- ☐ Creo que si las soluciones resultaran de verdad, puedo ser libre ahora mismo de la ansiedad.

Nunca olvidaré una conversación de tres minutos que tuve con un joven en una conferencia de hombres que se lamentó en privado conmigo porque se sentía incapaz por completo de dejar ver la pornografía. Sonriendo, le dije: «Bueno, tal parece que te has convencido a ti mismo de que no existe una solución, y que bajo ninguna circunstancia puedes dejar la pornografía al instante. ¿Tengo razón?». Él asintió. Yo continué: «Es porque tus deseos sexuales son mucho más fuertes que los de otros hombres, ¿verdad?». Él asintió aún más, sintiendo que yo entendía su dilema.

«Entonces, si estás en tu dormitorio mirando pornografía en medio de la noche y tu madre entra de pronto, ¿qué harías?». Casi gritando dijo: «¡Pues hombre, cerraría la computadora de inmediato!». Entonces, asentí una y otra vez. El chico se dio cuenta. ¿Y tú?

Es de inmenso valor tener en mente un simple versículo bíblico. Es más, quizá ya lo conozcas: «Por nada estéis afanosos [ansiosos]» (Filipenses 4:6). Las palabras «estéis afanosos [ansiosos]» se tradujeron de la palabra griega *merimnao*. Más tarde regresaremos a esa palabra, pero por ahora, concentrémonos en tres factores importantes acerca de este verbo.

En primer lugar, «estéis afanosos [ansiosos]» está en tiempo presente, no en pasado, ni futuro. ¿Por qué? Porque nadie puede estar ansioso ayer cuando es hoy. Además, es imposible estar ansioso en el futuro hoy. La ansiedad solo puede ocurrir en el presente.

En segundo lugar, «afanosos», o ansiosos, está en voz activa, no pasiva. Esto quiere decir que no estar «afanosos» es algo que tienes que hacer de manera activa por tu cuenta. Otra persona no puede estar ansiosa en tu lugar. ¿Por qué no? Porque el cien por cien de la ansiedad solo mora dentro de ti. Incluso, más notable es el hecho de que este verbo es activo, no pasivo. Tú eres el único cuyas acciones pueden llevarte a la ansiedad, lo cual significa que nada ni nadie puede causar esa ansiedad. Ni tu cónyuge, ni tus hijos, ni tus padres, ni tu jefe, ni el gobierno. Nadie.

Por eso es que dos personas pueden experimentar justo la misma crisis, y una siente ansiedad mientras que la otra no. Una persona respondió escogiendo la ansiedad y la otra decidió no estar ansiosa.

Tú, y solo tú, tienes el cien por cien del control sobre tu ansiedad. Solo tú puedes activar esa ansiedad dentro de ti. Así que con esto en mente, es hora de librarnos de la *gran mentira* que nos dice que algo o alguien nos causaron la ansiedad.

¿Estás listo para el tercer factor de ese verbo «estéis [ansiosos]»? Es la más importante de las tres características: Está en la voz imperativa. Dios nos da un mandato directo a todos: Bajo ninguna circunstancia escojan la ansiedad. Si lo hacen, decidieron pecar. De manera voluntaria eligieron activar la ansiedad y el afán como un acto directo de desobediencia a la voluntad de Dios en sus vidas.

Como sabes, Dios nunca nos ordena hacer algo a menos que tengamos la capacidad de obedecer. Así que, en contraste con la *gran mentira*, esta es una *gran verdad*. Siempre has tenido el control total y completo sobre tu ansiedad. En todo tiempo, y en toda circunstancia, siempre podrás elegir no activar tu ansiedad. Dios nos ha dado esa libertad a todos. Aunque nota que la única excepción es cuando la ansiedad está relacionada a las drogas o sustancias químicas.

Así que, si marcaste cualquiera de las demás opciones bajo la pregunta #5 en vez de la última («puedo ser libre ahora mismo»), te engañaron para que creyeras la mentira. ¿Recuerdas al joven del problema con la pornografía? Estaba adicto hasta el momento en que su madre entró, y de pronto, ¡descubrió una cantidad masiva de dominio propio que ya tenía! Pudo parar en un instante. Al continuar hablando con él, le sonreí y le dije: «¡Quizá debas pedirle a tu mamá que esté a tu lado siempre, de día y de noche!».

Antes de ir a la próxima sección, respira profundo y di en voz alta: «Soy libre por completo para elegir no responder a todo lo que la vida me pone delante. Rechazo la mentira de que "así soy", o "no lo puedo evitar". Aunque mi vida esté por el suelo, puedo controlar la ansiedad y la preocupación».

Analicemos la ansiedad por unos momentos más. Antes que nada, ¿por qué decimos, «Siento ansiedad» en vez de «Pienso con ansiedad»? Se debe a que todos experimentamos los *sentimientos* de ansiedad. Por tanto, muchos suponemos que no podemos controlar nuestros sentimientos, que estamos impotentes contra las arremetidas de las emociones de ansiedad. Sin embargo, una vez más, estamos equivocados, ya que nuestro Dios nos ordena que controlemos las emociones. Por ejemplo, consideremos estos dos mandamientos: «Amaos unos a otros entrañablemente, de corazón puro» (1 Pedro 1:22) y «No temáis» (Lucas 12:7).

Una cosa debe ser obvia a estas alturas: ¡Todos tenemos mucho más control sobre nuestra ansiedad de lo que jamás hubiéramos imaginado!

Entonces, ¿cuál es la respuesta de Dios a nuestras ansiedades y preocupaciones? Veamos cada parte de Filipenses 4:6: «Por nada estéis afanosos; antes bien, en todo...». El contraste entre *nada* y *todo* es claro: Dios no deja lugar alguno para que alguien sienta ansiedad de ningún tipo en ningún momento. Por *nada* debemos estar ansiosos. En este momento, si de veras quieres vivir una vida libre de ansiedad, debes tomar en consideración este punto importante: El resto de Filipenses 4:6-8 revela la respuesta sobrenatural para toda ansiedad. La respuesta de Dios, en lenguaje sencillo. No tienes que buscarla más allá de este corto pasaje bíblico.

En solo tres versículos, Dios nos da tres pasos a seguir que, si los seguimos, darán resultado el cien por cien de las veces. Es más, si estás ansioso ahora mismo, síguelos y experimentarás una aplastante victoria en solo unos momentos.

> *Primer paso*: Qué hacer cuando estás ansioso (tu parte)
>
> *Segundo paso*: Qué hará Dios con tu ansiedad si haces tu parte (su parte)
>
> *Tercer paso*: Qué hacer para hacerte «resistente a la ansiedad» en el futuro (tu opción futura)

Examinemos estos tres pasos en este corto pasaje, de modo que logres encontrar pronto el alivio para toda ansiedad.

Primer paso: Qué hacer cuando estás ansioso

> *Por nada estéis afanosos; antes bien, en todo, mediante oración y súplica con acción de gracias, sean dadas a conocer vuestras peticiones delante de Dios* (Filipenses 4:6).

Cada vez que comiences a sentir ansiedad, recuerda estas palabras: «Sean dadas a conocer vuestras peticiones delante de Dios». El primer paso es orar, por eso mi editor y yo escribimos este libro para ti: *Oraciones para ser libres de preocupaciones y ansiedades*.

Estoy seguro de que en el pasado has tratado de orar por tus ansiedades más dificultosas, y puedo anticipar que tu respuesta es: «Sí, he tratado de orar, pero no ha resultado». ¿Te gustaría saber por qué? La razón es que tienes que seguir las instrucciones específicas en el versículo sin saltar ningún paso. Entonces, descubrirás la maravillosa experiencia de la victoria cada vez.

Es como tratar de hacer una tarta y olvidarse de un ingrediente crítico. ¡El resultado es una tarta que se desploma! Sí, hiciste una tarta, pero le faltaba uno o más de un ingrediente necesario. No importa con cuánto cuidado la hiciste, no importa con cuánta sinceridad quisiste que saliera bien, y no importa para quién la hiciste, la tarta se vino abajo.

Este versículo contiene tres ingredientes específicos para disfrutar la maravillosa respuesta de Dios a tus sentimientos de ansiedad y preocupación.

Primero, debes orar a Dios por tu situación.

Segundo, no solo debes orar; debes suplicar. *Súplica* es la traducción del término griego *deesis*, que es diferente a solo orar. Significa «rogar o llorar ante Dios por una necesidad específica». La necesidad específica es la misma situación o persona que causa tus sentimientos de ansiedad. Suplicar significa que le pedimos a Dios que intervenga en nuestra situación.

Tercero, y quizá sea el ingrediente más importante de todos, debes darle gracias a Dios por esa cosa precisa que te causa ansiedad. Este paso va en dirección contraria a lo que queremos hacer, ¿verdad? ¿Por qué darle gracias a Dios por la misma fuente de nuestras emociones negativas y turbulentas? ¡Qué secreto tan poderoso! En el momento en que le das gracias a Dios por esta oportunidad, ejercitas tu confianza en Él y obedeces su mandato de no vivir con ansiedad. Al darle la vuelta y darle gracias a Dios por la dificultad, demuestras tu fe en su poder.

¡La ansiedad no puede existir en la presencia de la gratitud!

Cuando presentas tus peticiones a Dios con acción de gracias, pones en práctica 1 Tesalonicenses 5:16-18: «Estad siempre gozosos; orad sin cesar; dad gracias en todo, porque esta es la voluntad de Dios para vosotros en Cristo Jesús». De nuevo, las palabras están en imperativo presente activo. Esto solo se pone a prueba cuando ocurre algo en nuestra vida que nos desagrada en gran manera, y es difícil encontrar motivos para «dar gracias». Como es un mandato, tú y yo tenemos que darnos cuenta de que podemos obedecer, pero no siempre es fácil.

Esto me sucedió ahora en los últimos cuarenta minutos. Como pasa a menudo, al Señor parece gustarle ponerme a través de numerosas pruebas sobre la misma verdad que enseño o sobre la que escribo. Él quiere que mi comunicación sea más real y visceral, pues tengo que sufrir por el mismo asunto acerca del que trato de ayudar a alguien a experimentar la victoria.

He aquí lo que sucedió. El martes, perdí mi pequeña agenda para el año completo. Tenía marcadas montones de reuniones importantes y había olvidado hacerle una copia en caso de perderla. Me aterroricé, sabiendo que no iba a poder recordar ni la mitad de todos esos eventos, reuniones, fechas y compromisos para hablar. Así que hice lo que hubiera hecho cualquiera. Vacié la bolsa de la computadora; busqué por todas las gavetas del escritorio; busqué en mi cómoda, las chaquetas, los bolsillos de las camisas, el auto y el maletero; llamé a la oficina en caso de que la hubiera dejado allí; busqué en las gavetas de la cocina y por todo el material de los cursos; etc.

Mi ansiedad crecía por día. Entonces, mi amada esposa Darlene también buscaba en todas partes según le repetía estos pasos por segunda y tercera vez. Oré, pero de nada valió. Darlene oró, y nada. Mi hermana Pat oró, y nada tampoco. Al día siguiente, mi ansiedad se dobló de nuevo. Volví a buscar, volví a orar, y me sentí irritado porque Dios no me había ayudado como lo hizo en el pasado.

Hoy es sábado, y tuve que hacer dos llamadas por teléfono para asegurarme de no olvidar algunas reuniones importantes con mi equipo la semana próxima en las oficinas de *Teach Every Nation* en Atlanta, Georgia. Hoy, a la hora de almuerzo, ya mi ansiedad había llegado al pánico, por temor a perder una reunión o una llamada de conferencia. Entonces, cuando salía de la cocina rumbo a la oficina que tengo en casa para terminar este capítulo y poder cumplir con la fecha para entregarlo el lunes, evalué la situación y me di cuenta que me sentía ansioso en extremo.

Mientras bajaba los tres escalones hacia el garaje, pensé: *Practica la respuesta a la ansiedad.* Se me ocurrió que no estoy nada agradecido por esta crisis y, además, me sentía bastante irritado que el cielo no me diera ni una pizca de indicio acerca de dónde estaba mi agenda perdida. Cuando mi pie tocó el piso del garaje, comencé a obligarme a darle gracias a Dios. Le di gracias por la frustración, por mi agenda perdida, por no saber qué hacer, por la posibilidad de defraudar a otros estando ausente en las reuniones, y más. Le di las gracias por todo el camino mientras atravesaba el garaje hasta la puerta de la oficina. Cuando por fin abrí la puerta, ¡había desaparecido mi ansiedad! Y me había olvidado de mi agenda perdida.

Me senté, abrí la computadora, y comencé a recoger algunos platos que estaban en la esquina del escritorio. Entonces allí (no lo pude creer), debajo de un plato, estaba mi agenda. Ahora bien, sé que había buscado en el escritorio al menos cinco veces. Si hubieras estado allí, me hubieras oído reír y reír. Le dije a Dios: «Ya sé. Esta pequeña prueba de ansiedad que por cuatro días y medio no pasé fue un choque con la realidad». Después de orar y darle gracias a Dios por las mismas cosas que me afanaban, y después de nombrarlas una por una, experimenté la siguiente parte del versículo. ¡Estaba seguro que en el cielo se arrastraban de la risa con la lección que Dios me había dado para este capítulo!

Segundo paso: Qué hará Dios con tu ansiedad si haces tu parte

Cuando oras y le das a conocer tus peticiones a Dios con acción de gracias en cuanto a tu ansiedad y sus causas, algo maravilloso ocurre como resultado: Dios te promete una respuesta sobrenatural. Dios oye estas oraciones y promete responder siempre. Esto no pasa con muchas otras oraciones, a las cuales Dios puede responder con un *no* o un *todavía*. Dios siempre dice que *sí* a esta oración en particular. Lee Filipenses 4:6-7 para que veas su promesa clara y directa:

Oraciones para ser libres de preocupaciones y ansiedades

Por nada estéis afanosos; antes bien, en todo, mediante oración y súplica con acción de gracias, sean dadas a conocer vuestras peticiones delante de Dios. Y la paz de Dios, que sobrepasa todo entendimiento, guardará vuestros corazones y vuestras mentes en Cristo Jesús.

Cuando estás ansioso y oras con acción de gracias acerca de esa circunstancia incómoda, Dios interviene de manera sobrenatural en tu vida y te da un regalo que no tiene precio: «la paz de Dios». Dios no aumenta *tu* paz, te da *su* paz. Su paz supera toda tu ansiedad, y literalmente la destruye y la sustituye por su paz sobrenatural.

Sin embargo, tienes que entender algo importante: Aun después que Dios te da su paz, la causa principal de tu ansiedad y preocupación no ha cambiado. Lo que *cambió* fue tu reacción mental y emocional a la situación. Todavía está presente lo que provocó la ansiedad. Ahora bien, si nada ha cambiado en lo exterior, ¿cómo podrás experimentar el regalo de la paz de Dios? La respuesta está en el poder de la paz de Dios. Su paz es tan fuerte que «sobrepasa todo entendimiento». ¿Y en qué consiste esto?

La palabra «sobrepasa» es la traducción de la palabra griega *jupereco*, que literalmente significa «mantener por encima, estar por encima, ser superior a». La paz de Dios entra a tu vida porque cumples con el requisito universal de Dios (oración, súplica y gratitud) y Él responde al sobrepasar tus pensamientos y sentimientos de ansiedad con su paz soberana. El poder positivo de su paz está tan por encima y es tan superior que ahoga todos tus temores y afanes negativos. Dios los limpia por completo; borra del pizarrón de tu alma las palabras *tus ansiedades* y escribe *MI PAZ* en letras mayúsculas y grandes, sin dejar vestigios de lo que te preocupaba.

Describo la sustitución de tu ansiedad por su paz como «sobrenatural», porque la paz de Dios *simplemente no es natural.* Es superior, está por encima de lo natural. No se puede explicar por qué te llena esa paz, puesto que la paz de Dios sobrepasa todo entendimiento. La paz que sientes no es la tuya, ni la de otra persona; es la paz sobrenatural de Dios. Le pediste a Dios ayuda, y Él te contestó con su regalo.

¿Cómo sabes que te va a suceder? La palabra «sobrepasa» es el participio *jupereco*, y está en forma activa y tiempo presente, lo que significa que cuando oras, suplicas y das gracias, en ese mismo momento (en el presente), Dios actúa a tu favor. Tú no generas tu propia paz; Dios te regala su paz de manera activa; en ese mismo momento, en tu dificultad presente. ¡Cuán preciosa es la gracia de nuestro Dios!

¿Recuerdas mi ansiedad acerca de la agenda perdida? En cuanto oré, le pedí a Dios que me ayudara con mi ansiedad, y le di las gracias por mi terrible situación, ¿sabes lo que pasó? De inmediato Él derramó su paz sobre mis emociones y pensamientos. ¿Cuánto se demoró? El tiempo que me llevó caminar de un lado al otro del garaje; solo unos segundos. No le pedí paz, pero sí le di las gracias por la situación.

No hace falta que le pidas a Dios que te dé su paz, pues si cumples con sus requisitos, Él te responderá cumpliendo su parte del acuerdo. Sin embargo, ¡reconoce el hecho sorprendente de que mi agenda seguía perdida! Dios nos da su paz aun cuando persiste el problema. Mis emociones se transformaron de manera sobrenatural en simples segundos. Subraya esta verdad en tu mente: La ansiedad es tu respuesta a una situación, y no la situación misma.

Como alguien que ha puesto este pasaje en práctica muchas veces durante décadas, te digo lo siguiente: La verdad siempre me ha dado resultado en mi vida. ¿Por qué? ¡Porque Dios cumple su palabra con cualquiera que cumpla sus requisitos!

Puedes pensar que la paz de Dios es su «respuesta final» a tu afán y ansiedad, pero lo maravilloso es que Él va más allá de lo que puedes imaginarte. Lee el resto del versículo 7: «Y la paz de Dios, que sobrepasa todo entendimiento, guardará vuestros corazones y vuestras mentes en Cristo Jesús». Aun mientras escribo esto, la bondad y la gracia de Dios me dejan pasmado una vez más. No solo nos da su paz al instante, sino que esa paz se posiciona para guardarte de nuevos ataques de ansiedad por el mismo asunto. La paz de Dios se erige como un poderoso protector en este aspecto de tu vida. Es más, la promesa declarada de Dios es que su paz «guardará tu corazón y tu mente en Cristo Jesús».

La palabra «guardará» se tradujo de una palabra griega muy específica: *froureo*, un término militar que significa «proteger, mantener guardado». Este verbo se usa para describir una guarnición de soldados que protegen contra todos los enemigos. La misma palabra se usa dos veces en 2 Corintios 11:32: «En Damasco, el gobernador bajo el rey Aretas, *vigilaba* la ciudad de los damascenos con el fin de prenderme».

Una vez que Dios derrama su paz en ti, es mejor que vigiles los pensamientos y sentimientos de ansiedad, no sea que regresen, ¿verdad? No. No sé si estás preparado para el resto de la maravillosa revelación de Dios, pero el verbo *froureo* está en voz activa del futuro indicativo, no en tiempo presente. En otras palabras, Dios no solo te regala su paz en ese momento (el tiempo presente de sobrepasar), sino que continúa asumiendo la responsabilidad de proteger ese regalo de paz. Nada lo puede destruir ni debilitar en el futuro. Dios te da su paz en el presente, y guarda tu corazón y tus pensamientos para el futuro.

Este pasaje revela la doble respuesta de Dios a nuestra ansiedad. Primero, derrama sobre nuestras vidas una paz incomparable; y segundo, se mantiene vigilante para asegurar que esa paz se quede en nuestra vida en esa esfera.

Recuerda este hecho importante: La causa de tu ansiedad no ha cambiado. Lo que ha cambiado es tu respuesta a la situación. Decidiste delegarle tu ansiedad al Señor y afirmar tu gratitud por lo que Él está haciendo en tu vida a través de esa dificultad. Entonces, si la causa principal de la ansiedad no ha cambiado, ¿no van pronto a volver a inundarte esos pensamientos? Lee otra vez acerca de los dos aspectos específicos donde la paz de Dios te protege: «[Él] guardará vuestros corazones y vuestras mentes en Cristo Jesús». Dios te protegerá en el futuro tanto de los pensamientos como de los sentimientos acerca de esta situación específica. Repito, ¡Dios hace más de lo que podemos pensar o imaginar!

Tercer paso: Qué hacer para hacerte «resistente a la ansiedad» en el futuro

Para quienes quieren hacerse «resistentes a la ansiedad» en el futuro, el próximo versículo muestra cómo lograr ese estado maravilloso de continua paz en todos los aspectos de la vida. En situaciones normales, nuestras ansiedades tienen su raíz en los pensamientos, que entonces dan a luz los sentimientos de ansiedad. A menos que por alguna razón haya un desequilibrio en el cuerpo físico, los sentimientos de ansiedad solo surgen de los pensamientos de temor o ansiedad. Por lo tanto, la clave para vivir libres de ansiedad es llevar cautivos los pensamientos, y no permitir que entre ningún pensamiento que esté fuera de la voluntad de Dios para ti. Mira las características de los pensamientos libres de ansiedad en Filipenses 4:8:

> *Por lo demás, hermanos, todo lo que es verdadero, todo lo digno, todo lo justo, todo lo puro, todo lo amable, todo lo honorable, si hay alguna virtud o algo que merece elogio, en esto meditad.*

El verbo «meditad» está en el futuro imperativo, lo cual significa que como ahora tienes paz en el presente, debes guardarte de caer en otro estado mental que genere ansiedad. ¿Cómo? Enfocando tus pensamientos en lo que es verdadero, digno, justo, puro, amable, honorable, virtuoso y que merece elogio. Cuando obedeces el mandato de Dios de pensar o meditar en lo positivo y no en lo negativo, ¿adivina qué será imposible? ¡Los pensamientos de ansiedad! No obstante, si por algún motivo los pensamientos de afán y ansiedad encuentran la manera de escabullirse y entrar, ¡ya sabes con exactitud lo que tienes que hacer!

Con esto en mente, puedes entender por qué mi editor y yo le dimos forma a este libro, *Oraciones para ser libres de preocupaciones y ansiedades*, de la manera en que lo hicimos. Junto con la casa editorial, investigamos y seleccionamos los temas que le causan afán y ansiedad a la mayoría de las personas, y les dimos la misma estructura cuádruple:

1. Preparemos nuestros corazones para la oración
2. La búsqueda de la presencia de Dios en la oración
3. La práctica de la oración
4. Reflexiones, respuestas y recordatorios personales de oración

Esperamos y oramos para que esta pequeña joya de un libro sea de gran ayuda para ti en lo personal. Que tu vida no solo experimente las bendiciones que Dios promete cuando cumples sus prerrequisitos, sino incluso más que eso, oramos a fin de que te hagas tan «resistente a la ansiedad» que esos sentimientos casi no existan para ti en el futuro.

Con oraciones por la paz superior de Dios,
Bruce Wilkinson
Presidente de *Teach Every Nation*

1

Los problemas de salud desconocidos

Preparemos nuestros corazones para la oración

Los problemas de salud desconocidos a menudo pueden plagar nuestros corazones y nuestras mentes más que los conocidos. Las interrogantes no tienen límites y hacen vagar nuestros pensamientos de preocupación libre y profunda en las preocupaciones. Antes de darnos cuenta nos diagnosticamos con enfermedades serias y planeamos para lo peor. No queremos sucumbir a estos pensamientos de ansiedad cada vez que nos duela la cabeza, u otra cosa, o sentimos que algo no anda bien. Te has preguntado alguna vez:

> ¿Es un tumor canceroso o un simple nódulo inflamado?
>
> ¿Este dolor en el pecho es una enfermedad cardíaca, un infarto o demasiados pedazos de pizza?
>
> ¿Tengo los riñones inflamados o es mi apéndice a punto de reventar?
>
> Espera, en todo caso, ¿dónde está el apéndice? ¿Y *dónde están* mis riñones?

En el mundo moderno, con todo el acceso que tenemos a todo tipo de medios de comunicación, información, sitios web médicos, foros, y aún el estado de salud de nuestros propios familiares y amigos, no hay falta de diagnóstico para cualquier incomodidad que sintamos. Dicen que la ignorancia es felicidad, y cuando hablamos de asuntos de salud desconocidos, es posible que sea así. Con tanta información disponible acerca de la salud y las enfermedades, demasiado conocimiento puede contribuir a la preocupación y aumentarnos el estrés. Eso no quiere decir que no debamos consultar a los profesionales capacitados si persisten los síntomas, pero también debemos ser conscientes que «como piensa dentro de sí, así es» (Proverbios 23:7).

¿Sabías que preocuparte por tu salud la empeora en realidad? Se ha identificado el impacto que la preocupación y la ansiedad causan sobre el cuerpo; esto incluye: dolor de estómago, acné, aumento de peso (un metabolismo más lento), dolores en el cuerpo, pérdida del cabello, pérdida del apetito sexual, acidez de estómago, y mucho más. Esto se debe a que cuando te preocupas, tu cuerpo secreta unas hormonas llamadas cortisona y adrenalina, que Dios ha provisto para afrontar el verdadero peligro. El único problema con la preocupación es que tu cuerpo no puede detectar la diferencia entre el peligro verdadero y el peligro percibido.

Como la preocupación despierta la sensación de un desastre inminente, el cuerpo responde elevando los niveles de hormonas, ¡aunque el llamado «peligro» solo sea imaginario! Cuando estas hormonas tienen la libertad de viajar por el torrente sanguíneo por largo tiempo, pueden convertirse en tóxicas para las glándulas, el corazón, la digestión y el sistema nervioso. A la larga, esto puede causar verdaderos problemas de salud y verdaderos daños a un sinnúmero de sistemas y órganos del cuerpo. Nuestros cuerpos no se diseñaron para mantenerse en un estado de alerta constante (que se conoce también como la reacción de «lucha o huida») por más tiempo que el necesario para provocar una respuesta adecuada al peligro.

¿Cuál es, entonces, el antídoto para la preocupación acerca de esas situaciones de salud desconocidas que parecen acechar en cada esquina? Podemos vencer esa preocupación constante buscando a propósito un estado mental de paz a través de la oración. Sí, debes hablar con un profesional capacitado acerca de tus síntomas; pero mientras tanto, cuando no hay un mal diagnosticado, trata de vivir en paz y no en un constante temor de lo que pudiera pasar en el futuro. En vez de que las células del cuerpo reciban un baño constante de cortisona, lávalas con la Palabra de Dios, la cual le traerá vida a tus huesos y gozo al corazón. Si no eres fanático de leer las Escrituras (o solo de leer), hay versiones en audio de la Biblia disponibles a través de aplicaciones en tu dispositivo electrónico. Escuchar, meditar y asimilar la verdad de la Palabra de Dios es una de las formas de sustituir los pensamientos de afán, ansiedad y preocupación con pensamientos de vida y victoria.

La búsqueda de la presencia de Dios en la oración

> Amado, ruego que seas prosperado en todo así como prospera tu alma, y que tengas buena salud (3 Juan 1:2).
>
> El corazón alegre es buena medicina, pero el espíritu quebrantado seca los huesos (Proverbios 17:22).
>
> Bendito es el hombre que confía en el Señor, cuya confianza es el Señor. Será como árbol plantado junto al agua, que extiende sus raíces junto a la corriente; no temerá cuando venga el calor, y sus hojas estarán verdes; en año de sequía no se angustiará ni cesará de dar fruto (Jeremías 17:7-8).

La práctica de la oración

Amado Padre celestial:

Tu Palabra me dice que soy bendecido cuando pongo mi confianza en ti. Esta confianza me libra del miedo y la preocupación cuando vienen las dificultades. Tu Palabra también me dice que no me angustie en el año de sequía. La confianza es un arma poderosa contra el afán y la ansiedad. Fortalece mi confianza en ti, Señor. Aumenta mi capacidad para confiar. Hazme consciente de tu presencia de tal manera que mi corazón se llene de gozo.

En cuanto a este dolor, síntoma o problema de salud en particular, te pido que hagas una de tres cosas. Una, por favor, quítame los síntomas (dolores, achaques, bulto, etc.) por completo y con rapidez. Dos, dame a conocer lo que es de veras. Si no es importante, ayúdame a tratarlo por mí cuenta a través de una buena dieta, compresas calientes o medicamentos disponibles sin receta. O tres, Señor, dame el valor para buscar ayuda médica profesional que me dé un diagnóstico rápido para los síntomas. Dirígeme a los mejores médicos y dales tu sabiduría para saber lo que anda mal. Ayúdales a que me pongan el tratamiento preciso para curarme con rapidez. Gracias, Dios, por contestar mi oración. En el nombre de Cristo, amén.

Reflexiones, respuestas y recordatorios personales de la oración

Oraciones para ser libres de preocupaciones y ansiedades

2

Las finanzas

Preparemos nuestros corazones para la oración

A menudo, el temor acerca de las finanzas puede agobiarnos. No porque siempre estemos pensando en el dinero, sino más bien porque es como una nube baja que entenebrece nuestros días. Esto se debe a que mucho de lo que hacemos, así como muchas de nuestras decisiones, los dictan nuestra capacidad financiera.

> ¿Podremos pagar una educación universitaria decente para nuestros hijos?
>
> ¿Podremos siquiera completar esa educación que deseamos para nosotros mismos?
>
> ¿Podremos tomar esas vacaciones que necesitamos con tanta urgencia?
>
> ¿Podremos darnos el lujo de comer comidas saludables, en vez de las comidas baratas procesadas que están a nuestra disposición con tanta facilidad?
>
> ¿Y qué del alquiler?
>
> ¿El pago del automóvil?
>
> ¿El seguro?
>
> ¿Las cuentas médicas?
>
> ¿La ropa?
>
> ¿Los zapatos de los niños?

La lista puede ser infinita. El dinero representa un papel importante en las decisiones que tomamos, y es fácil de comprender cómo un aspecto tan importante de la vida puede despertar tanta ansiedad y preocupación en nosotros. Sin embargo, ¿sabías que el antídoto que encontramos en la Palabra de Dios tiene que ver en realidad más con lo que pensamos que con el dinero mismo? Una y otra vez escuchamos que debemos poner el dinero en el lugar adecuado. Después de todo, «Nadie puede servir a dos señores» (Mateo 6:24); y «donde esté tu tesoro, allí estará también tu corazón» (Mateo 6:21).

Dios quiere que comprendamos que si ponemos nuestra esperanza en la incertidumbre del dinero, estaremos de continuo en un estado de incertidumbre *emocional*. Dios mismo es quien suple ricamente todas las cosas que disfrutamos. En vez de preocuparnos si tendremos o no tal o más cual cosa, se nos exhorta a usar nuestro tiempo, talentos y tesoro para el beneficio de los que nos rodean. Debemos compartir lo que tenemos de manera generosa y liberal. Y aferrarnos así a la sabiduría que nos dice que somos más de lo que el dinero puede comprar. Al fin y al cabo, el dinero no trae las cosas más importantes como el amor, las relaciones, los valores, el propósito, el servicio y el Señor. Sí, el dinero es importante, y todos tenemos cuentas que pagar cada mes, pero cuando sueltas las riendas de las finanzas, descubrirás una libertad renovada y comenzarás a usarlas para ayudar a otros a un nivel mayor del que jamás hayas visto.

Recuerda: «El que se apiada del pobre presta al SEÑOR, y Él lo recompensará por su buena obra» (Proverbios 19:17). Nunca podrás ser más generoso que Dios.

La búsqueda de la presencia de Dios en la oración

> No os acumuléis tesoros en la tierra, donde la polilla y la herrumbre destruyen, y donde ladrones penetran y roban; sino acumulaos tesoros en el cielo, donde ni la polilla ni la herrumbre destruyen, y donde ladrones

no penetran ni roban; porque donde esté tu tesoro, allí estará también tu corazón (Mateo 6:19-21).

A los ricos en este mundo, enséñales que no sean altaneros ni pongan su esperanza en la incertidumbre de las riquezas, sino en Dios, el cual nos da abundantemente todas las cosas para que las disfrutemos. Enséñales que hagan bien, que sean ricos en buenas obras, generosos y prontos a compartir, acumulando para sí el tesoro de un buen fundamento para el futuro, para que puedan echar mano de lo que en verdad es vida (1 Timoteo 6:17-19).

[Él] les dijo: Estad atentos y guardaos de toda forma de avaricia; porque aun cuando alguien tenga abundancia, su vida no consiste en sus bienes. (Lucas 12:15).

La práctica de la oración

Señor:

Hazme un instrumento de tu bendición, a fin de que lo que me des fluya hacia otros a través de mí. Sé que cuando me preocupo por las cuentas que hay por pagar y las cosas que quisiera hacer, aparto mis ojos de ti y los pongo en el ídolo del dinero. Perdóname por poner las cosas materiales delante del Creador. Ayúdame a honrarte con las primicias de lo que me das, y a cambio, muéstrame tu generosidad. Dame tu perspectiva sobre el dinero para no verme atrapado en la trampa de las riquezas ni le dé al diablo una oportunidad para hacerme pecar.

Libero mis preocupaciones y afanes respecto a las finanzas. Te las entrego todas, y te pido que las alejes de mí. Cámbialas por la paz que sobrepasa todo entendimiento y un espíritu generoso hacia los necesitados. Dame el gozo que viene de ayudar a otros de verdad, y enséñame a hacer tu voluntad, Dios, porque en mi obediencia a ti es que seré liberado. En el nombre de Cristo, amén.

Reflexiones, respuestas y recordatorios personales de la oración

3

La salud mental y emocional

Preparemos nuestros corazones para la oración

Si batallas contra la ansiedad y la preocupación, no estás solo. Los mejores cálculos revelan que más de cuarenta millones de estadounidenses sufren de ansiedad crónica, y eso es contando solo los que han pedido ayuda o están dispuestos a reconocerlo. Hay muchos más que sufren en silencio. La ansiedad por lo que comemos, la salud, si nuestro empleo está seguro, si nuestro matrimonio sobrevivirá, conducir, volar, los lugares públicos, hay de todo, puede causarnos otro tipo de ansiedad. Y esa es la de estar ansiosos por la ansiedad misma.

Cuando los pensamientos de ansiedad te cruzan por la mente, no dejándote dormir de noche ni disfrutar de tranquilidad durante el día, guárdate de permitirles que se muevan hacia otros aspectos de tu vida. No te ofusques con preguntas como: ¿Se estabilizarán algún día mis emociones? ¿Será que tengo un desequilibrio químico? ¿Cómo puedo deshacerme de esta neblina mental? ¿Por qué no puedo ser feliz? Preguntas como estas plagan el alma preocupada. Cuando no guardas tus pensamientos y emociones, la ansiedad puede convertirse en una terrible bestia que te creas tú mismo.

Hay algunas medidas prácticas que puedes tomar si te preocupa tu salud mental y emocional. Como los pensamientos de ansiedad y preocupación a menudo llevan al cansancio físico y la falta de energía, es posible que no te «sientas» con ganas de hacerlo. En cambio, si añades poco a poco una o más a tu rutina diaria, con el tiempo podrás experimentar los beneficios.

La meditación. La sustitución de pensamientos ansiosos con pensamientos sanos de paz, armonía, esperanza, verdad, la Palabra de Dios, el amor y la positividad ayuda mucho a reducir la sensación de preocupación. Trata de pasar al lo menos quince minutos al día limpiando tu mente de la basura, y enfócate en la Escritura y otros pensamientos positivos. Está probado que meditar en el amor de Dios cada día trae beneficios significativos a la salud. En particular, pruebas de resonancia magnética del cerebro han revelado que la práctica de la meditación disminuye la conexión de las vías neurales en el córtex prefrontal medio[1]. Al aflojar estas conexiones, se reduce la capacidad del cerebro de enviar las señales de temor a través de estos canales. Como resultado, también se reduce la ansiedad.

El ejercicio. Es posible que lo que menos quieras hacer cuando te sientes preocupado o ansioso sea ejercicios. Sin embargo, esto reducirá tu ansiedad y tendrá un efecto de calma en el cuerpo. Además, el ejercicio no solo es bueno para tu salud general: cuando ejercitas el cuerpo, liberas neurotransmisores y endorfinas que le dan al cerebro la capacidad de sobreponerse a los pensamientos de preocupación. Aunque solo sea caminar, cualquier ejercicio despierta la creatividad del cerebro y el proceso de razonamiento de forma que ayuda a aliviar el estrés y la ansiedad.

Cuidar de otros. Dios sabía con exactitud lo que decía cuando expresó que es mejor dar que recibir. La simple acción de poner las necesidades de los demás por encima de las nuestras, o de traer felicidad y alegría a otro ser humano, han mostrado aumentar nuestros propios niveles de felicidad. De alguna manera esa acción de dejar de pensar en nosotros y pensar en otra persona nos libera de lo que nos mantiene prisioneros. Hazte el hábito de ayudar a otros. Visita con regularidad a alguien que no pueda salir de su casa. Ve a un hogar de ancianos y pasa tiempo con alguien que no reciba visitantes. Ofrécete para ayudar a un vecino o un colega. Ora por otros. Sé mentor de niños o adolescentes. La lista de cosas que puedes hacer para quitar tu pensamiento de ti mismo y enfocarte en otra persona es interminable.

Prueba estas tres medidas prácticas para reducir la preocupación y la ansiedad por tu propio bienestar mental. Además, ora según dice la Palabra de Dios, con fe, sabiendo que aquel que comenzó la buena obra en ti es fiel y justo para llevarla hasta el fin. Él sostiene en su lugar el sol, la luna y la tierra, y te sostiene a ti también.

La búsqueda de la presencia de Dios en la oración

> Porque no nos ha dado Dios espíritu de cobardía, sino de poder, de amor y de dominio propio (2 Timoteo 1:7).
>
> Destruyendo especulaciones y todo razonamiento altivo que se levanta contra el conocimiento de Dios, y poniendo todo pensamiento en cautiverio a la obediencia de Cristo (2 Corintios 10:5).
>
> Porque la mente puesta en la carne es muerte, pero la mente puesta en el Espíritu es vida y paz (Romanos 8:6).

La práctica de la oración

Amante Dios:

Tú no me has dado espíritu de cobardía. No me has dado espíritu de ansiedad, ni has puesto estas preocupaciones en mi cabeza y mi corazón. Es más, me has dado espíritu de poder, de amor y de dominio propio. Cuando me acosen las preocupaciones y me hagan dudar de mi salud mental, los resistiré y renovaré mi mente según tus promesas. ¡No me permitiré dejar de confiar en ti!

Tú eres bondadoso y acudes en ayuda de quienes tienen un corazón humilde y dependen de ti. Eres mi fortaleza y mi auxilio eterno en las tribulaciones. Descanso sabiendo que el mismo Cristo que hizo calmar las olas y los vientos con su palabra, también puede calmar mi corazón y mi mente. Tu nombre, Jehová Shalom significa, Dios de paz. Hoy, recibo tu shalom en todas las células de mi cuerpo, en mis pensamientos, emociones, hormonas y alma. Cúbreme con tu shalom, Señor.

Mi mente está en perfecta paz cuando la mantengo enfocada en ti. Aleja de mí las distracciones que llevan mis pensamientos por el camino equivocado. Dame fuerzas para resistir la tentación de llenar mi cabeza de pensamientos negativos. Ayúdame a resistir el temor al peligro que me infunden la televisión, las noticias y las conversaciones. Bendíceme, Señor, con el fruto de un corazón seguro y una mente estable. Bendíceme con tu amor eterno, y haz que ese amor fluya suavemente a través de mis emociones, trayéndome paz. Confío en ti, Dios, y solo en ti, porque solo tú eres digno de mi fe. En el nombre de Cristo, amén.

Reflexiones, respuestas y recordatorios personales de la oración

Oraciones para ser libres de preocupaciones y ansiedades

4

La seguridad de empleo

Preparemos nuestros corazones para la oración

La seguridad de empleo, junto con la satisfacción en el empleo, son dos causas muy comunes de preocupación para la mayoría de las personas. Esto tiene sentido, considerando que casi siempre un adulto pasa el treinta por ciento de su tiempo trabajando. Una persona que llega a vivir setenta y cinco años, habrá pasado unos veinticinco años trabajando; mucho más del tiempo total que pasamos haciendo cualquier otra cosa. Por eso, tener un empleo que nos gusta, o que por lo menos disfrutamos y que no temamos perder, es una necesidad esencial y normal para todos. Una vez dicho esto, la preocupación por la seguridad en nuestro empleo es algo muy natural cuando caemos en la trampa de creer que ese empleo es la fuente suprema de nuestra seguridad.

Sin embargo, uno de los conceptos más malinterpretados en la Biblia es el de la provisión. Es un concepto que ayudará a cualquiera que luche con la preocupación por el trabajo. Puesto que somos seres finitos que dependemos en gran manera, a veces por completo, de nuestros cinco sentidos (lo que vemos, saboreamos, sentimos, olemos y oímos), con regularidad atribuimos al hombre lo que le pertenece a Dios. La seguridad del empleo es uno de los aspectos donde cometemos ese error muy a menudo.

Tu patrón te da el empleo, pero la fuente es Dios. Tu patrón te paga, pero la fuente es Dios. Tu patrón te dice qué hacer, cuándo hacerlo y cuánto te pagará por hacer tu trabajo, pero la fuente es Dios.

Lo lamentable es que esto se nos olvida con mucha facilidad y ponemos nuestra vista en el intermediario. Nos preocupamos por nuestro rendimiento. Nos preocupamos por la cantidad de trabajo que tenemos o no tenemos que hacer. Nos preguntamos si el cheque continuará llegando, si la comisión se calculará o si alguien nos podrá sustituir. Estos son sentimientos y pensamientos normales. En cualquier momento dado, todos nos sentimos reemplazables.

A muchos nos preocupa si la economía sufrirá, o se afectarán la industria y el sector empresarial en que trabajamos. Miramos las noticias para ver qué tratos comerciales está haciendo el gobierno hoy o cuáles están rechazando. Nos preguntamos cómo nuestro empleo y nuestros ingresos se afectarán con todo eso.

Recortes. Cesantías. Reducción de personal. Llámalo como quieras: Pensar en esto puede conducir a la ansiedad.

No obstante, el antídoto de la preocupación acerca de tu seguridad de empleo es recordar quién es la fuente. No es el gobierno. No es la empresa para la que trabajas. Ni siquiera es la economía. La fuente es Dios. Cuando le entregas tu trabajo a Dios de manera intencional, ya sea que trabajes de chofer, contador, entrenador de debate o cualquier otra cosa, Dios establecerá tus planes. Dios mismo te fortalecerá y te asegurará en tu servicio a Él en la posición óptima. Quizá ya estés ahí o quizá Él quiera trasladarte a un lugar todavía mejor. No te enfoques tanto en dónde trabajas, sino en el que te ha dado el trabajo. Las localidades y responsabilidades pueden cambiar, pero el que las provee, no. Y si ya estás trabajando en el lugar ideal, siempre recuerda que si Dios te abrió esta puerta, *nadie* puede cerrarla ni arrebatártela. Él tiene un propósito para ti. Y cuando haces de ese propósito la pasión que te impulsa, estás seguro por completo.

La búsqueda de la presencia de Dios en la oración

Encomienda tus obras al Señor, y tus propósitos se afianzarán (Proverbios 16:3).

Doy gracias a Cristo Jesús nuestro Señor, que me ha fortalecido, porque me tuvo por fiel, poniéndome en el ministerio (1 Timoteo 1:12).

Si corriste con los de a pie y te cansaron, ¿cómo, pues, vas a competir con los caballos? Si caes en tierra de paz, ¿cómo te irá en la espesura del Jordán? (Jeremías 12:5).

La práctica de la oración

Amado Salvador:

Me preocupa mi trabajo, respecto a si soy la persona ideal para hacerlo, si conservaré el puesto, y si mi empresa se mantendrá solvente. No sé lo que haría sin este empleo. No sé cómo pagaría las cuentas, cuidaría de mi familia, ni si podría mantener siquiera la casa o el apartamento. Necesito este trabajo. Al menos, es lo que siento y lo que creo. Sin embargo, tu Palabra me dice algo diferente. Tu Palabra me dice que de cualquier manera, tú eres quien me sustenta. Eres quien dirige mis pasos y afianzas mis propósitos.

No quiero que mi trabajo se convierta en un ídolo, pero cuando me preocupo por él, eso es lo que es. Pongo más fe en mi empleador que en ti. Lo siento. Te confieso mi pecado y te pido perdón. Ayúdame a conocer y a descansar en la verdad que me dice que nadie puede quitarme lo que tú declaraste que es mío. Ellos pueden ser más inteligentes, más rápidos y hasta parecer más profesionales que yo, pero este trabajo es el acto de servicio que me diste, y seguirá siendo mío, porque tu favor cubrirá lo que me falta y producirá mayores resultados que lo que pueda producir otra persona. Dependo solo de ti, y te pido que me ayudes a hacer mi trabajo de la mejor forma posible; tú me darás las fuerzas para hacerlo.

Y Señor, si estoy atravesando por un tiempo de transición para llevarme a algo mejor, ayúdame o no perder la confianza en ti. Ayúdame a confiar en ti, a escuchar tu voz con claridad y a seguirte dondequiera que me guíes. En el nombre de Cristo, amén.

Reflexiones, respuestas y recordatorios personales de la oración

Oraciones para ser libres de preocupaciones y ansiedades

5

La seguridad personal

Preparemos nuestros corazones para la oración

La preocupación y la ansiedad en cuanto a la seguridad personal han alcanzado niveles sin precedentes. El solo hecho de mirar las redes, los medios sociales y las noticias puede causarle escalofríos a cualquiera. Pareciera que ahora más que nunca, nuestra cultura se desintegra con rapidez a medida que abandonamos las normas de seguridad de Dios.

¿Sabías que después del ataque a las torres de Nueva York el 11 de septiembre aumentaron los casos de trastorno de estrés postraumático (TEPT)? Decenas de millones de personas fueron testigos de los eventos por televisión y en línea, lo cual resultó en tal aumento. En Estados Unidos se llevó a cabo una investigación para determinar si había alguna conexión entre ver violencia e informes noticiosos, y los individuos que sufren de TEPT. Resultó que el aumento de la preocupación acerca del futuro de la nación, y la falta de confianza que los ciudadanos estadounidenses tienen en general acerca de la capacidad del país de proteger a sus ciudadanos, ha resultado en un nivel de casos de ansiedad y TEPT más alto de lo normal[2]. La exposición continua a actos aleatorios de violencia pública, invasiones de hogares, amenazas de terrorismo y accidentes automovilísticos en nuestras noticias y canales de redes sociales puede causar que muchos de nosotros nos sintamos preocupados. Cuando interiorizamos los estímulos negativos y amenazantes, pueden producir efectos neurológicos graves y duraderos.

Entonces, ¿qué pensarías si te digo que el crimen en nuestro país [Estados Unidos] se ha reducido a su nivel más bajo desde 1970? Pues sí. Es más, el nivel de crímenes violentos ha bajado un cincuenta y un por ciento desde 1991, y los robos por invasión doméstica un cuarenta y tres por ciento[3]. Además, ¿qué pensarías si te dijera que las muertes por accidentes automovilísticos también han llegado al nivel más bajo desde 1960? Pues sí. El año pasado hubo menos muertes en las carreteras que en 1960, aunque la población en esas carreteras se ha duplicado. Sin embargo, como los medios se enfocan en la violencia y en los desastres localizados para estimular una mayor audiencia, presumimos que la sociedad está en la peor condición en nuestra época.

Si bien nuestra exposición a los problemas de seguridad personal se ha disparado debido al internet y al ciclo de noticias de veinticuatro horas, los riesgos reales de peligro para nuestra seguridad personal han disminuido de forma considerable en las últimas dos décadas. Por tanto, una manera de vencer la preocupación y la ansiedad respecto a asuntos de seguridad personal es reducir el tiempo que pasamos mirando noticias por televisión y en línea. Son muchas las personas que han informado un alivio en su ansiedad personal cuando solo dejan de mirar los noticieros.

Otro antídoto es sustituir el tiempo que pasamos en internet y los noticieros con oración y meditando sobre el control soberano de Dios. Su Palabra nos promete que Él está con nosotros dondequiera que vayamos, y Dios mismo es quien nos hace acostarnos, dormir en paz y habitar seguros. La sabiduría del libro de Proverbios nos exhorta y nos dice que si escuchamos su voz, viviremos seguros y sin temor al mal. Una de las más grandes perlas de sabiduría la encontramos en Filipenses 4:8: «Por último, hermanos, consideren bien todo lo verdadero, todo lo respetable, todo lo justo, todo lo puro, todo lo amable, todo lo digno de admiración, en fin, todo lo que sea excelente o merezca elogio» (NVI®).

Pon tu mente en lo que es puro, excelente y merezca elogio, y de manera automática experimentarás una reducción en la preocupación y la ansiedad en cuanto a tu seguridad personal. Esto requerirá disciplina personal a fin de contenerte y no involucrar tu mente en los desastres de la época, pero es un paso hacia adelante para vivir libre de pensamientos de ansiedad respecto a posibles peligros.

La búsqueda de la presencia de Dios en la oración

> ¿No te lo he ordenado yo? ¡Sé fuerte y valiente! No temas ni te acobardes, porque el SEÑOR tu Dios estará contigo dondequiera que vayas (Josué 1:9).
>
> En paz me acostaré y así también dormiré; porque sólo tú, SEÑOR, me haces habitar seguro (Salmo 4:8).
>
> El que me escucha vivirá seguro, y descansará, sin temor al mal (Proverbios 1:33).

La práctica de la oración

Señor:

Tú me ordenas que sea fuerte y valiente. Me dices que no tema ni desmaye porque tú estarás conmigo dondequiera que vaya. Tus ángeles me rodean para que no me golpee el pie sobre una piedra. Nada puede venir a mí para afectarme ni hacerme daño sin que tenga que pasar por el control de tu mano. Ayúdame a creer esas verdades como algo más que solo palabras escritas en un papel. Ayúdame a creerlas y vivir por ellas a cabalidad, a fin de que no me consuma la preocupación ni la ansiedad acerca de los posibles peligros.

Regula mi cuerpo y mis emociones de manera que viva equilibrado y no me deje llevar por los pensamientos de temor y paranoia. Dame sabiduría para saber qué comer, qué no comer, y cómo cuidar mi cuerpo y mi mente de manera que viva con la mejor capacidad física para afrontar la preocupación y la ansiedad. Te pido sabiduría para saber lo que dejo entrar a mi mente, y tu fuerza y disciplina para no rendirme ante las influencias que me causan temor. Líbrame de pesadillas y pensamientos que me perturban el sueño. Dormiré en paz, porque solo tú me haces habitar seguro. En el nombre de Cristo, amén.

Reflexiones, respuestas y recordatorios personales de la oración

Oraciones para ser libres de preocupaciones y ansiedades

6

La vejez

Preparemos nuestros corazones para la oración

¿Recuerdas lo que pensabas acerca del «tiempo» cuando eras adolescente? Estoy seguro que tenías muchos deseos de convertirte en adulto. Ese es el caso de la mayoría de los adolescentes. Luego vinieron los años universitarios o de comenzar la vida, cuando no podíamos esperar para conocer a esa «persona especial» o el empleo perfecto que aguardaba por nosotros.

Entonces, en algún momento, el tictac del Padre Tiempo comenzó a funcionar con más rapidez... o así parecía. Antes de darnos cuenta, las semanas parecían días y los años parecían meses. Si no vamos con cuidado, un año entero volaba sin notarlo siquiera. La vejez tiene el poder de envejecernos con mayor rapidez de lo que pensábamos que fuera posible.

Parece ser similar a lo que sucede cuando viajamos por carretera. Conducir *hacia* nuestro destino puede parecernos una eternidad, pero el viaje de regreso siempre es mucho más rápido. Quizá la fascinación de lo desconocido ayude a que los sentidos procesen las cosas con más lentitud. ¡No hay razones científicas válidas para explicar por qué sucede esto! Al fin y al cabo, el regreso a lo conocido parece ser el impulso más rápido de todos.

Tal vez, a medida que avanzamos hacia la tercera edad, cuando la previsibilidad se vuelve más común, el reloj funcione más rápido por una razón similar. Nos dirigimos a casa.

Oraciones para ser libres de preocupaciones y ansiedades

Entonces, si no podemos detener el envejecimiento, ¿cómo podemos, al menos, desacelerar nuestros pensamientos cuando se trata de preocuparnos por la gran cantidad de asuntos que pueden surgir? Cosas tales como:

> ¿Qué pasará si me enfermo y no hay nadie que me cuide?
>
> ¿Tendré suficiente dinero para pagar las cuentas cuando me jubile?
>
> ¿Tendré suficientes ahorros para disfrutar de algunas diversiones, o estoy condenado a mirar televisión el resto de mis días?
>
> ¿Mis hijos se olvidarán de mí y solo seré un deber que tienen que cumplir?
>
> ¿Qué les dejaré a mis hijos y nietos, y podrán sobrevivir sin mí?
>
> ¿He logrado mi propósito en la vida o es demasiado tarde para soñar?
>
> ¿Por qué mi piel, mi cara y mi cuerpo ya no se ven igual?
>
> ¿Es este otro dolor, otro bulto, otra torcedura? ¿Y qué significa? Estoy muy cansado de los médicos. Antes podía dormir con facilidad. ¿Cómo puedo navegar por mis días casi sin dormir?
>
> ¿Estaré solo?
>
> ¿Tuvo significado mi vida, o el remordimiento plagará siempre mi corazón?

La vejez puede ser uno de los procesos que más temor nos cause a algunos. Por eso, el antídoto a los pensamientos de ansiedad acerca de la vejez lo encontramos en Dios y en su Palabra. Algo tan difícil de vencer debe llevarse al trono de la gracia, donde recibiremos misericordia en tiempos de necesidad. Pablo y Caleb también nos recuerdan en la Escritura que nuestros últimos días pueden ser mejores que los primeros, si avanzamos en fe y temor de Dios.

La búsqueda de la presencia de Dios en la oración

> Ahora, he aquí, el Señor me ha permitido vivir, tal como prometió, estos cuarenta y cinco años, desde el día en que el Señor habló estas palabras a Moisés, cuando Israel caminaba en el desierto; y he aquí, ahora tengo ochenta y cinco años. Todavía estoy tan fuerte como el día en que Moisés me envió; como era entonces mi fuerza, así es ahora mi fuerza para la guerra, y para salir y para entrar. Ahora pues, dame esta región montañosa de la cual el Señor habló aquel día, porque tú oíste aquel día que allí había anaceos con grandes ciudades fortificadas; tal vez el Señor esté conmigo y los expulsaré como el Señor ha dicho (Josué 14:10-12).
>
> Por tanto, no nos desanimamos. Al contrario, aunque por fuera nos vamos desgastando, por dentro nos vamos renovando día tras día (2 Corintios 4:16, NVI®).
>
> Engañosa es la gracia y vana la belleza, pero la mujer que teme al Señor, ésa será alabada (Proverbios 31:30).

La práctica de la oración

Dios de gracia:

Tú que conoces el principio y el fin, no cambias, y tus días no conocen el final. Ten compasión de mí, puesto que solo soy humano, y mi corazón con frecuencia vive temeroso de esto que llamamos vejez. Las preguntas en mi mente anhelan recibir respuesta, pero solo el tiempo puede responderlas. Por lo tanto, me preocupo, y mis pensamientos me causan ansiedad por dentro. Trae cada día a mi memoria tus caminos constantes y perennes. Déjame ver un destello de tu fidelidad mientras continúo en este proceso de cambio. Calma mis temores mientras te los entrego a ti; temores acerca de lo desconocido, las pérdidas, la soledad y la impotencia, incluso al dolor.

Rodéame con cánticos acerca de tu cuidado y consuelo. Aunque por fuera me voy desgastando, por dentro me voy renovando día tras día. Me rejuvenezco y fortalezco en tu presencia. Recibo fuerza y dignidad cuando te temo. Si Caleb pudo esperar cuarenta y cinco años antes de ir tras su sueño de conquistar la Tierra Prometida, ¡quizá no sea demasiado tarde para mi sueño! Reaviva en mí mis sueños, y dame sabiduría sobre cómo perseguirlos incluso a medida que envejezco. Nunca estaré solo mientras te tenga a ti. Mis circunstancias y mi entorno pueden cambiar, pero tu presencia es la luz que me guía y mi pronto auxilio en las tribulaciones. Confío en ti, Señor, y sé que calmarás mis temores a envejecer. En el nombre de Cristo, amén.

Reflexiones, respuestas y recordatorios personales de la oración

Oraciones para ser libres de preocupaciones y ansiedades

7
El futuro

Preparemos nuestros corazones para la oración

La ansiedad por el futuro puede abarcar un sinfín de cosas. Podemos preocuparnos por el futuro financiero, la salud, nuestro propósito, nuestro cónyuge y nuestros padres, hijos y nietos, el estado del país, la seguridad, el trabajo, las relaciones, o incluso nuestra apariencia. La lista de cosas por las cuales preocuparse en el futuro es interminable. Sin embargo, podríamos resumirlas en una palabra: *inseguridad*. Hay algo que todos tenemos en común, y es la imposibilidad de prever el futuro. Podemos planificar. Podemos anticipar. Hasta podemos preocuparnos. Aun así, nada de eso tendrá la última palabra en lo que pasará mañana. ¿Por qué no escribes este versículo en una tarjeta y la pegas en el espejo del baño? ¿O en el tablero de tu automóvil? Ponla en algún lugar donde la veas con frecuencia, ¡de modo que puedas descansar en el hecho de que Dios tiene tu futuro en sus manos y que todas las cosas cooperan para bien!

No sabéis cómo será vuestra vida mañana.
SANTIAGO 4:14

Al fin y al cabo, no podemos saber cómo será nuestra vida mañana. Eso no está en nuestra capacidad como seres humanos falibles. En cambio, Dios no nos ha dejado solos aquí. Él sabe de qué estamos hechos y conoce nuestros temores. Es más, conoce nuestro futuro. Y debido a eso, ¿no sería sabio acercarnos a Aquel que sabe la respuesta a lo que nos preocupa? Dios es nuestra paz cuando ponemos nuestro pensamiento en Él. Su Palabra es nuestra guía. Sus misericordias jamás terminan, y sus bondades nunca fallan. Son nuevas cada mañana, lo que significa que si de algo podemos estar seguros es de que las misericordias y las bondades de Dios estarán allí para recibirnos y encontrarse con nosotros a cada paso del camino. Esa verdad por sí misma ya calma las tensiones que nos rodean respecto a nuestro mañana desconocido.

¿Por qué es importante vencer las preocupaciones y ansiedades acerca del futuro? Porque esas preocupaciones y ansiedades te roban la vida que tienes en el presente. No puedes prever el futuro, ni controlarlo. En su lugar, lo que puedes hacer es disminuir la paz, el gozo, la felicidad y la vida que tienes hoy cuando tu mente se mantiene atrapada en el miedo y la inseguridad respecto al mañana.

Dios te promete no abandonarte nunca. Quizá desconozcas lo que te depara el futuro, pero conoces al que tiene el futuro en sus manos. Por eso, descansa en el poder de su presencia íntima y su gracia. Dios conoce los planes que tiene para ti. Planes para tu bienestar y no planes de calamidad, planes para darte un futuro y una esperanza. Trata de no enturbiar el día de hoy olvidándote de estas verdades acerca de mañana.

La búsqueda de la presencia de Dios en la oración

> Yo sé muy bien los planes que tengo para ustedes —afirma el SEÑOR—, planes de bienestar y no de calamidad, a fin de darles un futuro y una esperanza (Jeremías 29:11, NVI®).
>
> Los que esperan en el SEÑOR renovarán sus fuerzas; se remontarán con alas como las águilas, correrán y

> no se cansarán, caminarán y no se fatigarán (Isaías 40:31).
>
> Esto traigo a mi corazón, por esto tengo esperanza: Que las misericordias del SEÑOR jamás terminan, pues nunca fallan sus bondades; son nuevas cada mañana; ¡grande es tu fidelidad! (Lamentaciones 3:21-23).

La práctica de la oración

Señor:

Tú que todo lo conoces, ya viste mi mañana. Conoces el principio y el fin. Tú me viste sonreír mañana. Tú enjugaste mis lágrimas venideras. Sabes lo que vendrá. Sin embargo, a veces se me olvida lo maravilloso que eres y me preocupo por la incertidumbre del mañana. No quiero hacerlo, pero me consumen los pensamientos de ansiedad. Perdona mi falta de fe en tu amorosa soberanía. Eso es lo que revela mi ansiedad acerca del futuro. Si confiara en ti por completo, descansaría en ti y en tu plan para todos mis mañanas. Ten misericordia de mí por querer, no por *necesitar*, saberlo todo con antelación. Por necesitar controlarlo todo. Tú, oh Señor, tienes el control, y tus bondades son nuevas cada mañana.

Ayúdame a hacerle frente a mis días por delante con la libertad que las aves lo hacen con los suyos. Ellas no se afanan ni se cansan. No andan corriendo para descubrir qué hacer ni qué comer mañana. Solo descansan sabiendo que tú suples sus necesidades. Dios, tú suplirás lo que necesito, quizá no lo que quiera, pero lo que necesito de verdad, todos mis mañanas. Prometiste proveer para mí y que todo obre para mi bien según tu propósito. Anhelo sentirme cómodo en la profundidad de estas verdades. Ayúdame en esto. Ayúdame a liberarme de lo que no puedo controlar para aferrarme a lo que sí puedo: tú, este día, este momento. Te amo, Señor, y te doy gracias por contestar mis oraciones. Tú eres fiel. En el nombre de Cristo, amén.

Reflexiones, respuestas y recordatorios personales de la oración

El futuro

8

Las relaciones

Preparemos nuestros corazones para la oración

La preocupación y la ansiedad pueden compararse a una luz intermitente al conducir que te indica que hay peligro más adelante. Una luz amarilla intermitente al lado del camino puede ayudarte a evitar un peligro inminente. Sin embargo, en las relaciones, los peligros que percibes pueden ser el resultado de traumas o hechos del pasado. La luz amarilla intermitente no siempre refleja la realidad. No importa si van bien o mal, las relaciones nos dan bastantes oportunidades para preocuparnos y estresarnos. La gente responde a la ansiedad en las relaciones de diversas maneras:

1. Algunas personas crean situaciones en las que pueden enojarse. Es más fácil estallar en cólera que vivir en un constante estado de preocupación por sí mismas. Así que buscan de veras cosas por las que enojarse. Muchas personas las inventan de manera inconsciente.
2. Otras personas eligen abandonar la esperanza y la conexión en la relación. Como resultado, se deprimen y se aíslan. Para ellas, vivir aisladas es menos riesgoso que mantener la conexión y enfrentar posibles problemas más adelante en la relación.

3. Un tercer tipo de personalidad tratará de esconder la ansiedad y la preocupación buscando mecanismos de adaptación o distracciones. Algunos ejemplos incluyen: trabajar demasiado, gastar más de la cuenta, beber alcohol, mirar televisión constantemente, y otros comportamientos obsesivos.

En realidad, la ansiedad sobre una relación es la manera más rápida de destruirla. Cuando te preocupas, el miedo domina las conversaciones, haciendo más dificultoso el progreso hacia la solución de los problemas cuando estos surgen. La sospecha y la preocupación por las cosas que «puedan» pasar pueden contribuir a una ruptura importante de la relación. Enfocarse de manera negativa en el futuro puede dañar mucho el presente.

El antídoto para la preocupación y la ansiedad respecto a las relaciones descansa en la confianza. No necesariamente en la otra persona, sino en un Dios soberano que tiene tu mejor interés en mente cuando confías en Él. La gente te podrá defraudar en las relaciones, pero cuando tu corazón acepta que Dios tiene un plan para todo lo que te sucede, puedes buscar la manera de ser una bendición en medio de las cargas.

La Escritura dice que el amor todo lo cree. Preocuparse y afanarse por las cosas en una relación es una violación directa de ese mandamiento bíblico de amar. En esencia, es pecado. El pecado invita a la destrucción y las consecuencias negativas a cualquier relación. En su lugar, pon tu esperanza en Dios, arriésgate a amar a la luz de su eterno amor por ti. Entonces, observa cómo trae bendición donde antes solo había preocupación. Dios recompensa tus acciones y pensamientos hechos en fe.

La búsqueda de la presencia de Dios en la oración

> El que anda con sabios será sabio, mas el compañero de los necios sufrirá daño (Proverbios 13:20).
>
> Consideremos cómo estimularnos unos a otros al amor y a las buenas obras, no dejando de congregarnos, como algunos tienen por costumbre, sino exhortándonos unos a otros, y mucho más al ver que el día se acerca (Hebreos 10:24-25).
>
> Siempre humildes y amables, pacientes, tolerantes unos con otros en amor. Esfuércense por mantener la unidad del Espíritu mediante el vínculo de la paz (Efesios 4:2-3, NVI®).

La práctica de la oración

Señor Jesús:

Tú nos dijiste que los dos grandes mandamientos son amar a Dios y amar al prójimo. También nos diste la descripción de lo que es el amor, y lo que no es, en 1 Corintios 13. Cuando me preocupo o me afano por mis relaciones, no ando en obediencia a ti. Por favor, perdóname por llenar mi corazón y mi mente de lo opuesto a la fe. El amor siempre confía, aun cuando la persona o la situación no merezcan confianza. Esto es porque cuando te sigo en fe, tú me cubrirás de protección, compasión y cuidado.

Señor, te pido que me ayudes a ser de bendición para quienes me rodean. Hazme un modelo de lo que es amar de verdad. Permite que mi interacción con mis seres queridos despierte en ellos el querer vivir en un plano de amor superior también. Que mi espíritu, mis palabras y mis pensamientos estén siempre llenos de humildad, amabilidad, paciencia y tolerancia. Que me esfuerce por mantener la unidad del Espíritu mediante el vínculo de la paz. En el nombre de Cristo, amén.

Reflexiones, respuestas y recordatorios personales de la oración

9

Lo que comemos

Preparemos nuestros corazones para la oración

Antes era fácil decidir qué comer. Hubo un tiempo en el que no nos enfrentábamos a una gran cantidad de opciones, desde no transgénicos hasta orgánicos, desde alimentos sin gluten para veganos y... lo que sea. Estoy seguro que mañana habrá algo nuevo para escoger. Lo peor es que un año nos dicen que el tocino es malo para la salud, y unos cuantos años después, no lo es. O en una década nos dicen que debemos tomar jugos todo el día, *ya no solo para el desayuno*, y una década más tarde, descubrimos que los jugos elevan los niveles de insulina, por lo que no es aconsejable ni siquiera para el desayuno.

La investigación de qué comer, dónde comer, cuándo comer, cómo comer y cómo preparar los alimentos es suficiente para mantenernos ocupados el día entero. Preocuparse por estas cosas puede ser tan intenso, si no más.

Entonces, ¿qué podemos hacer al determinar nuestras opciones de alimentación y ayudar a influir en las opciones de quienes están bajo nuestro cuidado? Como primera medida, debemos consagrarle a Dios la actividad de comer. En 1 Corintios 10:31 se nos aclara: «Ya sea que coman o beban o hagan cualquier otra cosa, háganlo todo para la gloria de Dios» (NVI®). Por lo tanto, lo que ponemos en nuestro cuerpo debe hacerse con la intención de traerle gloria a Dios. Después de todo, nuestros cuerpos no son nuestros, Cristo los compró en la cruz (1 Corintios 6:19). Esa rosquilla extra o ese bufé de pizza podría no ser la opción más sabia para el «templo del Espíritu Santo». El consumo de una cantidad no saludable de azúcares o alimentos procesados se ha vinculado con la mala salud mental, lo que prueba que el comer y las emociones van de la mano. Es más, el consumo a largo plazo de alimentos poco saludables se ha vinculado a la depresión y el aumento de la ansiedad.

Así que si te sientes ansioso por lo que comes y cómo te afecta el cuerpo, desearás pasar por un colador tus decisiones alimenticias: Esto que quiero comer, ¿le traerá gloria a Dios? Al hacerte esta pregunta, vas a escoger alimentos que proveen nutrición, vitaminas, carbohidratos y grasas solo a las miles de millones (sí, *miles* de millones) de neuronas en el cerebro. La ciencia estima que hay más neuronas en el cuerpo completo que estrellas en la Vía Láctea. ¡Solo esto es más que suficiente para limitar los caramelos que comemos!

La preocupación por lo que comemos debe convertirse en un esfuerzo constructivo para tomar decisiones sabias. Sin embargo, después de eso, cualquier preocupación o ansiedad debemos entregársela a Dios. La Escritura dice que tu vida es más que el alimento, y nos aclara que no nos preocupemos por nuestras vidas, qué comer o qué beber. En su lugar, debemos alimentar nuestros cuerpos con lo que provee Dios, y confiar en Él, el hacedor y sustentador de todas las cosas.

La búsqueda de la presencia de Dios en la oración

> Por eso les digo: No se preocupen por su vida, qué comerán o beberán; ni por su cuerpo, cómo se vestirán. ¿No tiene la vida más valor que la comida, y el cuerpo más que la ropa? (Mateo 6:25, NVI®).
>
> Entonces, ya sea que comáis, que bebáis, o que hagáis cualquier otra cosa, hacedlo todo para la gloria de Dios (1 Corintios 10:31).

Les ruego que coman algo, pues lo necesitan para sobrevivir (Hechos 27:34, NVI®).

La práctica de la oración

Amante Padre:

Tú nos has dado muchas cosas maravillosas para comer. La creatividad y el deleite que has puesto al crear alimentos para nuestro disfrute van más allá de lo que podemos comprender. Gracias por darnos tantas opciones para deleitar el paladar y satisfacer el hambre.

Señor, debido a que en estos días hay tantas cosas dañinas en el proceso y la preparación de los alimentos, te pido que me cubras a mí y a mis seres queridos con tu cuidado y protección. Protégenos de alimentos podridos y de bacterias. Cuida nuestros cuerpos del impacto negativo de panes y azúcares procesadas. Danos el dominio que necesitamos para tomar las decisiones adecuadas en nuestra alimentación. Quiero que mi mente se mantenga clara y mi nivel de energía alto, así que dame sabiduría para elegir los alimentos que debo comer y los que debo evitar, a fin de hacer esto posible.

En cuanto a los gérmenes ocultos y los problemas que acechan en los alimentos que podría consumir, te pido tu misericordiosa protección, por lo que permite que mi cuerpo se desintoxique y se mantenga saludable. Padre, también te pido que me des gracia, paz y seguridad para no preocuparme, sino entregarte incluso el acto de disfrutar de los alimentos que creaste para tu gloria. En el nombre de Cristo, amén.

Reflexiones, respuestas y recordatorios personales de la oración

10

Las enfermedades y dolencias

Preparemos nuestros corazones para la oración

La ansiedad por la salud, también conocida en algunos campos como trastorno de ansiedad por enfermedad, es la preocupación debido a posibles problemas de salud que nuestros cuerpos puedan estar experimentando o puedan experimentar algún día. Esto es diferente a la preocupación y ansiedad que podemos sentir cuando nosotros, o un ser querido, batallamos con una enfermedad diagnosticada o enfermedad crónica. Estas ansiedades surgen de la preocupación por lo que nuestros cuerpos pueden estar enfrentando, lidiando o sufriendo. La preocupación legítima y las dificultades que surgen de enfermedades y condiciones crónicas pueden afectarnos de manera profunda.

Casi la mitad de los estadounidenses padece de alguna enfermedad crónica. Las estadísticas nos dicen que un setenta y cinco por ciento de los matrimonios que traen a la relación algún tipo de enfermedad crónica, termina en divorcio[4]. La tensión diaria de la ansiedad, el tratamiento de la salud y la incertidumbre asociados con una enfermedad crónica a veces es más de lo que una persona puede soportar, o soportar bien.

La sanidad y la salud son lujos codiciados en el mundo actual. Y el Señor tiene mucho que decir acerca de esto en su Palabra. Cuando lo que se necesita es sanidad, podemos pedirla en fe a través de la oración. La sanidad viene, ante todo, de Dios, por lo que buscarlo a Él en nuestros tiempos de prueba es nuestra mayor prioridad. Clamar a Dios en oración por nuestra salud es un uso productivo de nuestras energías, mientras que la preocupación no lo es. Dios tiene el futuro en sus manos. No hay nadie mayor ni más poderoso a quien acudir cuando nuestros cuerpos sufren de una enfermedad seria.

Sin embargo, hay momentos cuando la sanidad no viene de inmediato. Los caminos de Dios son diferentes a los nuestros, y las enfermedades, las dolencias y los asuntos crónicos de salud son parte de vivir en un mundo caído. Mientras esperamos por la posibilidad de sanidad, hay cosas que podemos hacer para aliviar el sufrimiento de la preocupación y la ansiedad. Podemos comenzar aplicando la sabiduría de Proverbios 16:24, que nos enseña que «panal de miel son las palabras agradables, dulces al alma y salud para los huesos». ¿Sabías que tus palabras pueden influir en tu salud? Así es. Lo que piensas y lo que dices tienen el poder de destruir o edificar. Proverbios 18:21 dice que el poder de la vida y de la muerte está en la lengua. Hablar y pensar siempre acerca de lo que pueda salir mal, lo que está saliendo mal, lo que duele o las batallas que libras solo traen más de lo mismo. Una de las mejores formas de fomentar la buena salud es hablar en forma positiva de tu vida, salud, vitalidad, fuerza y sanidad. Tus palabras importan, al igual que tus pensamientos.

Otra cosa que puedes hacer cuando estás enfermo y padeces de una enfermedad crónica es una lista de las cosas que te preocupan. Después de escribirlas, divídelas entre «productivas» e «improductivas». Las preocupaciones productivas son esas por las que puedes hacer algo. Si puedes hacer algo, hazlo. De lo contrario, tendrás que moverla a la columna de «improductivas» al presentarle esa preocupación al Señor y dejarla con Él. Cuando padeces de una enfermedad crónica, no tienes acceso a la energía necesaria para la preocupación y la ansiedad. Tienes que ejercitar disciplina personal para entregarle a Dios tus preocupaciones, o te agotarás aún más.

Además de darle tus preocupaciones al Señor, aprende cómo aceptar la incertidumbre. La aceptación de la incertidumbre es una habilidad para la vida que te permitirá apreciar y vivir el presente. En lugar de vivir en el *qué pasaría si* del futuro, puedes elegir vivir en el *qué es lo que hay* en este momento. Esta es una forma de vivir que deben practicar aun quienes no sufren de una enfermedad crónica. Muy a menudo nuestras vidas se nos van de las manos porque vivimos siempre en el futuro o en el pasado, y no experimentamos el presente, que es todo lo que tenemos en realidad. Deja que esta enfermedad te enseñe la valiosa lección de vivir en el presente, consciente y agradecido. Cuando vivas de día en día, descubrirás que las cosas que te sobrecogían y te causaban ansiedad no tienen ya el poder que tenían antes.

Por último, ríe y llora. La preocupación y la ansiedad reprimen la amígdala: la parte del cerebro que alberga las emociones. Cuando te das permiso, y hasta te animas a llorar y reír, le das vida a tus emociones y disminuyes tu capacidad para preocuparte y sentirte ansioso. Mira vídeos o películas que te hagan reír. Busca personas y actividades que le den a tu mente cosas en qué participar que sean positivas. Y siempre debes saber que a pesar del pronóstico que tú o un ser querido tenga por delante, tú conoces al Médico Supremo y Él puede hacer mucho más allá de lo que pensamos o pedimos. Pídele sanidad y confía en Él mientras esperas.

La búsqueda de la presencia de Dios en la oración

> Una oración ofrecida con fe, sanará al enfermo, y el Señor hará que se recupere; y si ha cometido pecados, será perdonado (Santiago 5:15, NTV).
>
> Bendice, alma mía, al SEÑOR, y no olvides ninguno de sus beneficios. Él es el que perdona todas tus iniquidades, el que sana todas tus enfermedades (Salmo 103:2-3).
>
> Panal de miel son las palabras agradables, dulces al alma y salud para los huesos (Proverbios 16:24).

La práctica de la oración

Supremo Sanador, mi Dios:

Tú creaste mi cuerpo. Tú creaste mi ser. Tú me formaste cuando estaba en el vientre de mi madre. Tú sabes lo que necesito para vivir una vida saludable y satisfecha. Sin embargo, me veo padeciendo de esta enfermedad crónica que limita mi capacidad de enfocarme y llevar a cabo todas las cosas que desea mi corazón. Durante este tiempo de prueba, enséñame a depender solo de ti. Hazme conocer cómo se creó mi cuerpo y cómo funciona mejor, a fin de poder escoger las cosas que puedo darle: minerales, vitaminas, alimentos, descanso, risa, y mucho más. Muéstrame las cosas que contribuyen a la mala salud, bien sea la preocupación, la ansiedad, u otras malas decisiones, y dame el valor y la voluntad para no hacerlo.

Señor, quiero sanarme. Quiero estar sano por completo. De todo corazón te pido la sanidad. Sin embargo, Señor, si tu voluntad es permitir esta enfermedad por cualquier motivo, dame la gracia para sobrellevarla bien. No dejes que impacte de forma negativa en mis relaciones; más bien, que las mejore. No dejes que impacte de manera negativa mi actitud, mi trabajo o propósito; más bien, que les dé intensidad y riqueza. Que esta etapa de mi vida sea mi maestra y mi guía, que fortalezca mi alma y me acerque a ti. No puedo controlar lo que mi cuerpo hace ni cómo responde al tratamiento, pero sí lo que piensa mi mente; y quiero optar por pensar en las cosas que me dan vida, integridad, salud y gozo. En Cristo estoy completo. En su nombre, amén.

Reflexiones, respuestas y recordatorios personales de la oración

Oraciones para ser libres de preocupaciones y ansiedades

11

La aprobacion de Dios

Preparemos nuestros corazones para la oración

«Cristo me ama» es un cántico que todos hemos entonado en algún momento de nuestra vida. Es probable que hayamos dirigido a otros a cantar también, tal vez a nuestros hijos, sobrinas o sobrinos. La letra es sencilla, pero poderosa: «Cristo me ama... La Biblia dice así». Y para la mayoría de nosotros, eso es lo bastante fácil de aceptar. Después de todo, Él murió en la cruz por nuestros pecados.

Aun así, ¿le *agrado* a Jesús? O lo que es igual ¿le agrado a Dios? Demasiados de nosotros nos preguntamos si le *agradamos* a Dios o no en realidad. Sí, sabemos que Él nos ama, ¿pero pasaría tiempo con nosotros si le dieran la oportunidad? ¿Atravesaría la habitación y se sentaría a la mesa con nosotros? ¿Le aburren nuestras oraciones? ¿Está decepcionado con nosotros en casi todo lo que hacemos? La aprobación de Dios va mucho más allá de su amor. Nos preocupa si de veras nos acepta tal como somos. Los problemas vienen cuando sentimos que no nos acepta, cuando lo evitamos como lo haríamos con cualquiera a quien sentimos que nunca podemos complacer. Después de todo, ¿quién quiere pasar tiempo con alguien a quien estamos seguros que no le caemos bien? Nadie. Por eso es tan importante que comprendamos el contenido y el alcance del amor de Dios. Entonces, en este descubrimos que le agradamos también.

Dios nos ama de manera profunda, aunque no le agraden nuestras decisiones o actitudes pecaminosas. Sin embargo, cuando eso ocurre, no nos rechaza en lo personal. Más bien, como nuestro Padre celestial, nos disciplina con ternura para que volvamos a vivir como es debido (Hebreos 12:5-6). Dios nos acepta de todo corazón debido a la muerte vicaria de Cristo por nosotros, aun mientras vivíamos en rebelión contra Él (Efesios 1:4-5). Dios nos recibió en su familia y nos dio el regalo más preciado: el perdón de nuestros pecados a través de la muerte de Cristo.

Su muerte nos libera del temor al rechazo que provoca el pecado. Cuando no recibimos y aceptamos la expiación que hizo Cristo por nuestro pecado (no solo para la eternidad, sino para la vida diaria), declaramos que su muerte no fue suficiente.

La muerte de Cristo fue suficiente, no solo para darnos entrada al cielo, sino para darnos la aprobación que necesitamos para vivir una vida abundante aquí en la tierra. La aprobación de Dios no es la proverbial zanahoria colgando de un palo delante de nuestras narices que nunca podremos alcanzar. La aprobación de Dios viene de su corazón de puro amor.

El regalo de Dios es una de las cosas más difíciles que nosotros, como creyentes, podemos aceptar. La culpa, la vergüenza y el remordimiento se interponen en el camino de nuestra creencia. El antídoto de la preocupación y la ansiedad por la aprobación de Dios es Jesús mismo. Él murió, resucitó y está a la diestra de Dios intercediendo por ti, aceptándote, declarando con audacia que no hay condenación para ti si solo permaneces en Él. También lo garantiza con su vida. El amor y la aprobación de Dios hacia sus hijos es incondicional; por eso, no hay necesidad de preocuparse ni de sentirse ansioso respecto a si Dios te ama. Su corazón está siempre abierto para ti.

La búsqueda de la presencia de Dios en la oración

> ¿Quién es el que condena? Cristo Jesús es el que murió, sí, más aún, el que resucitó, el que además

> está a la diestra de Dios, el que también intercede por nosotros (Romanos 8:34).
>
> Acéptense mutuamente, así como Cristo los aceptó a ustedes para gloria de Dios (Romanos 15:7, NVI®).
>
> Por consiguiente, no hay ahora condenación para los que están en Cristo Jesús (Romanos 8:1).

La práctica de la oración

Señor:

Humilde vengo a ti en oración, reconociendo el poder del amor y la redención de Cristo. Conozco mis pecados y mi insuficiencia, Dios, y sé que me merezco las consecuencias de lo que he hecho, incluyendo el rompimiento de mi comunión contigo. Sin embargo, tu Palabra me dice que no hay condenación para mí si estoy en Cristo Jesús. Soy aceptado, amado, querido y apreciado totalmente por ti. Gracias por amarme así. Gracias por tu capacidad de perdonarme y librarme del dolor que te he causado a ti y a otros que amas también. Gracias por extenderme gracia y misericordia una y otra vez.

Cuando me preocupo porque no sea lo bastante bueno para estar en tu «lado bueno», señálame la cruz. Señálame el precio supremo que pagaste para asegurarme tu aprobación. Ayúdame a no restarle importancia a ese precio retrayéndome de ti y de lo que me das: tu amor, tu gracia, tu placer y tus promesas. Tengo tu aprobación, total y completa. Permite que mis decisiones reflejen esa verdad, y que mi corazón se conecte con la paz que me da tu amor. En el nombre de Cristo, amén.

Reflexiones, respuestas y recordatorios personales de la oración

12

La seguridad nacional

Preparemos nuestros corazones para la oración

En una economía y sociedad cada vez más global, los estadounidenses han avanzado mucho para ser muy conscientes de la seguridad nacional. No es que esto no se viera antes. En general, el temor a una guerra nuclear, o ataques contra la nación, los han plagado durante décadas. La amenaza del terrorismo solo ha hecho que aumentara el temor que ya tenían muchos. Una encuesta reciente publicada por el diario *Washington Post* reveló que el ochenta y tres por ciento de los votantes en Estados Unidos cree que un ataque terrorista serio contra la nación ocurrirá de nuevo en el término de su vida[5]. Eso es casi todos.

Durante los debates presidenciales en Estados Unidos, una parte clave de la discusión es la seguridad nacional. Mientras nos preocupamos por todo esto, eventos como las elecciones nacionales traen esa preocupación a primer plano en muchas mentes. Y con razón. Nuestro país, como todos los países, es vulnerable a los ataques. Por eso, para vencer el afán por la seguridad nacional debemos ir directamente al Capitán del ejército del Señor, Cristo mismo. «Del Señor es la tierra y todo lo que hay en ella» (Salmo 24:1). Cuando perdemos de vista esta verdad, la preocupación nos puede consumir.

Quizá pensemos que los estadounidenses tienen la última palabra al elegir a sus líderes, o que los líderes mundiales están ahí por casualidad. Sin embargo, la Escritura nos dice todo lo contrario: «Él es quien cambia los tiempos y las edades; quita reyes y pone reyes» (Daniel 2:21). También leemos: «Como canales de agua es el corazón del rey en la mano del Señor; Él lo dirige donde le place» (Proverbios 21:1). Quizá pensemos que el hombre tiene el control, pero el control supremo es de Dios. Y debido a que el plan y la perspectiva de Dios son mucho más extensos que los nuestros, con frecuencia Él permitirá que sucedan cosas que, desde nuestra perspectiva limitada, no tienen sentido. ¿Quién puede comprender la mente de Dios? «Porque mis pensamientos no son vuestros pensamientos, ni vuestros caminos mis caminos —declara el Señor. Porque como los cielos son más altos que la tierra, así mis caminos son más altos que vuestros caminos, y mis pensamientos más que vuestros pensamientos» (Isaías 55:8-9).

Solo cuando nos rendimos a la verdad que «Dios reina sobre las naciones; sentado está Dios en su santo trono» (Salmo 47:8), descubriremos la capacidad de entregarle a Él nuestras preocupaciones y ansiedades por nuestro país. La preocupación es una afrenta a Aquel que tiene el control, puesto que deja ver nuestras dudas que Él es quien dice ser. Entregar y rendir nuestros temores por la nación es un acto de obediencia y fe en el Rey de reyes y gobernante de todas las naciones. No, lo que Dios hace no siempre tiene sentido para nosotros, y nuestro mundo no es una utopía de paz, pero como hijo del Rey, puedes descansar sabiendo que la paz es *tu* derecho legítimo cuando alineas tus pensamientos con su verdad.

La búsqueda de la presencia de Dios en la oración

> Haya paz dentro de tus muros, y prosperidad en tus palacios (Salmo 122:7).
>
> El Señor te bendiga desde Sion, veas la prosperidad de Jerusalén todos los días de tu vida, y veas a los hijos de tus hijos (Salmo 128:5-6).

> He aquí, yo le traeré salud y sanidad; los sanaré y les revelaré abundancia de paz y de verdad (Jeremías 33:6).

La práctica de la oración

Rey de reyes y Señor de señores:

Hoy vengo a ti con el corazón lleno de ansiedad por la seguridad de nuestra nación. Muchas cosas pueden salir mal, Dios, y el desastre nacional puede suceder en un instante. Señor, quiero ser libre de la preocupación y la ansiedad, y vengo a ti como mi fuerza y la fuente de paz. Tu Palabra me dice que tú tienes el control, a pesar de como se vean las cosas, y que estás sentado en autoridad sobre todas las naciones. Nada puede suceder que no haya pasado antes por tu mano soberana de amor y poder.

Trae a mi memoria estas verdades cuando me acosen los pensamientos que me dicen lo contrario. A pesar del caos que me rodea, tú eres la calma dentro. Cuando no puedo confiar en los líderes de la nación, recuerdo que no pueden hacer nada sin tu soberana gobernanza. Sus decisiones pueden ser indebidas, insensatas, malvadas o absurdas, pero tú nunca has dependido de los medios convencionales para rescatar a tu pueblo de las amenazas nacionales. Mira a Jericó. Mira al mar Rojo. Mira a David fingiendo locura. Ayúdame a enfocarme menos en lo que veo y más en quien conozco: Tú. Menos en los medios y más en el Maestro. En el nombre de Cristo, confío en ti, amén.

Reflexiones, respuestas y recordatorios personales de la oración

La serguridad nacional

13

El valor personal

Preparemos nuestros corazones para la oración

El valor personal no debe confundirse con la autoestima ni con los sentimientos de importancia. Estos dos últimos tienen mucho que ver con la conducta, pero el valor personal descansa muy dentro de nosotros. A nuestro sentido de valor personal lo pueden entorpecer sentimientos de vergüenza, culpabilidad y remordimiento. Estas tres cosas pueden destruir la percepción de la mente del valor personal, a veces al instante.

Nada le gustaría más a nuestro enemigo que aumentar nuestros sentimientos de vergüenza y culpabilidad, pues estas emociones nos alejan de la presencia de Dios. No alejan a Dios de nosotros, sino a nosotros de Dios. Toma como ejemplo a Adán y Eva en el huerto. Recuerda lo que hicieron cuando sus ojos se abrieron y se dieron cuenta de su desnudez. Este hombre y la mujer, en su vergüenza, literalmente trataron de esconderse de Dios.

Son muchas las razones por las que tratamos de escondernos de Dios en medio de la vergüenza, la culpabilidad y el remordimiento. Una de esas razones es porque quizá sintamos que Dios ya no nos ama. Otra es que le tememos a las consecuencias que por intuición sabemos que vienen atadas a las cosas que causaron la vergüenza y la culpabilidad. Una tercera razón por la que procuramos ocultarnos del Señor la ilustró el profeta Isaías, que se puso de pie delante de Dios en su sala del trono y dijo estas palabras: «¡Ay de mí! Porque perdido estoy, pues soy hombre de labios inmundos y en medio de un pueblo de labios inmundos habito, porque han visto mis ojos al Rey, el SEÑOR de los ejércitos» (Isaías 6:5). Nos escondemos a causa de la santidad de Dios.

Imagínate entrar en un restaurante de cinco estrellas vestido con los pantalones y la camisa con que vas al gimnasio. Es muy posible que corras al baño a cambiarte. ¿Por qué? Porque quizá no puedas soportar las normas de etiqueta. Vas a querer cumplirlas o huir de las mismas. De igual manera, como pecadores, cuando nos vemos cara a cara con nuestra vergüenza, culpabilidad y remordimiento, y luego nos vemos frente a la suprema pureza de Dios, las dos cosas no se pueden mezclar. Un diamante siempre se ve más brillante contra un telón negro de fondo, y la santidad de Dios resplandece aún más cuando se compara con nosotros, cuando somos muy conscientes de nuestra propia falta.

Al igual que Isaías, nunca podremos por nosotros mismos limpiarnos lo suficiente de la vergüenza, la culpabilidad y el remordimiento. En la situación de Isaías, un ángel vino con un carbón encendido del altar del Señor, tocó sus labios y dijo: «He aquí, esto ha tocado tus labios, y es quitada tu iniquidad y perdonado tu pecado» (Isaías 6:7). Solo después de recibir el perdón de Dios podemos vencer la preocupación y la ansiedad respecto a nuestro valor personal.

La verdad es que nunca seremos lo bastante puros, limpios, sinceros, sin pecado, ni cualquier otra cosa, sin la ayuda y el perdón de Dios. Sí, parte de nuestro pecado ha producido sentimientos de vergüenza y culpabilidad, y parte de nuestra vergüenza se la debemos a otros pecadores. En cualquier caso, es preciso el perdón para poder llegar a un nivel de valor personal en nuestro propio corazón. Tu valor está ligado de manera intrínseca a Cristo mismo, y la gracia provista por Él. Su muerte, sepultura y resurrección te declaran hijo del Rey, y por tus venas corre sangre real. Memoriza esto y repítelo todos los días: «Al que no conoció pecado, le hizo pecado por nosotros, para que fuéramos hechos justicia de Dios en Él» (2 Corintios 5:21). A ti te *hicieron* justicia de Dios en Cristo. Cristo está en ti, la esperanza de gloria, y esto te da un valor personal exquisito.

La búsqueda de la presencia de Dios en la oración

> Tú formaste mis entrañas; me hiciste en el seno de mi madre. Te alabaré, porque asombrosa y maravillosamente he sido hecho; maravillosas son tus obras, y mi alma lo sabe muy bien. No estaba oculto de ti mi cuerpo, cuando en secreto fui formado (Salmo 139:13-15).
>
> ¿No se venden cinco gorriones por dos moneditas? Sin embargo, Dios no se olvida de ninguno de ellos. Así mismo sucede con ustedes: aun los cabellos de su cabeza están contados. No tengan miedo; ustedes valen más que muchos gorriones (Lucas 12:6-7, NVI®).
>
> Ustedes son linaje escogido, real sacerdocio, nación santa, pueblo que pertenece a Dios, para que proclamen las obras maravillosas de aquel que los llamó de las tinieblas a su luz admirable (1 Pedro 2:9, NVI®).

La práctica de la oración

Bendito Señor:

Soy una persona escogida, miembro del real sacerdocio, declarado y creado por ti para tu posesión. Me pusiste aquí para proclamar tu perfección y belleza. Me llamaste de las tinieblas a tu luz admirable. Me buscaste cuando estaba oculto y me hiciste venir con audacia ante tu trono de gracia. Me diste nueva vestimenta, me lavaste en el amor de Cristo. Soy valioso para ti. También lo soy para mí. Tengo valor para otros que me rodean. Me dotaste al crearme a tu imagen con habilidad y capacidad para amar, exhortar, edificar y fortalecer a otros.

Oraciones para ser libres de preocupaciones y ansiedades

Abre mis ojos para ver mi valor, Señor. Quita los sentimientos y emociones de vergüenza, culpabilidad y remordimiento. No hay condenación para mí cuando estoy en Cristo Jesús. Camino en libertad con la cabeza en alto, con sangre real corriendo por mis venas. Soy hijo del Rey. Soy de la realeza. Estoy completo, bien y estable en lo emocional, soy amante, bondadoso, generoso, y puedo dar, confiar y amar. Permíteme andar en esta verdad cada día. Defiéndeme de las flechas que Satanás dispara contra mí a diario y cámbialas por la compasión de Cristo, en la que me siento vivo por completo. En el nombre de Cristo, amén.

Reflexiones, respuestas y recordatorios personales de la oración

14

Los bajos niveles de energía

Preparemos nuestros corazones para la oración

Una de las principales quejas de los estadounidenses es el bajo nivel de energía. Algunos culpan a la multitarea o las agendas diarias sobrecargadas. Otros dicen que son las malas decisiones alimenticias. Sin embargo, ¿sabías que tan importante como tus opciones de alimentación es *cómo* ingieres lo que eliges? La manera en que comes es importante de veras. Comer muy rápido o mientras estás distraído, causa un impacto negativo en la digestión. Todo lo que haga más lenta la digestión te disminuirá la energía también. Además, si bien la multitarea constante puede que lleve a algunos a experimentar bajos niveles de energía, uno de los contribuyentes más frecuentes a la disminución de la energía proviene de algo que olvidamos cuando estamos ocupados: respirar profundo.

Claro, respiramos lo suficiente como para mantener la vida. Sé que es cierto, o tú y yo no estaríamos leyendo estas páginas ahora mismo. Por otro lado, lo que a menudo no hacemos es respirar profundo ni con lentitud para aspirar el oxígeno como es debido y distribuirlo a las células del cuerpo. Andar durante todo el día sin suficiente oxígeno en las células es como conducir el automóvil cuando solo te queda el vapor después que se gastó la gasolina. Puedes andar por dos o tres kilómetros, pero el auto se detendrá a la larga.

Sin embargo, la preocupación por los bajos niveles de energía, y lo que pueda causarlos, es contraproducente. Es más, la manifestación física más frecuente de la ansiedad es la falta de energía. ¿Por qué sucede esto? Cuando el cuerpo está ansioso o preocupado, la adrenalina viene al rescate para ayudarte a luchar contra el peligro que te acecha. Cuando el peligro es la preocupación o la ansiedad, la necesidad de adrenalina permanece por más tiempo, y como no hay nada que haga cesar la preocupación, esa demanda hace que las glándulas suprarrenales se esfuercen más de la cuenta. Igual que te cansas después de un trabajo difícil o de hacer ejercicios fuertes, las glándulas se cansan también. Hacen lo mismo que quizá hagas tú después de los ejercicios: dejas de funcionar. Te derrumbas. Ahora bien, las glándulas no solo ya no pueden continuar produciendo la energía que necesitas, sino que te sentirás agotado por completo al haber utilizado la reserva limitada de adrenalina.

¿Has estado conduciendo alguna vez cuando de repente otro auto se te interpone en una intersección de cuatro «Pare»? ¿O casi te golpea? Esa sensación después de darte cuenta que todo está bien, puede describirse como agotamiento. Cuando tu cuerpo se desploma a causa de la descarga de adrenalina, se cansa. Cuando te preocupas por muchas cosas, o incluso por una sola cosa una y otra vez, tu cuerpo está en un constante estado de descarga de adrenalina y cansancio, aparte de que las glándulas suprarrenales están vacías y cansadas. ¿Cuál es el antídoto para el bajo nivel de energía? Ingerir comidas saludables, aumentar el consumo de magnesio, dormir bien (pero no demasiado), y hacer ejercicios son hábitos que ayudan. No obstante, el más importante es entregarle tus preocupaciones y ansiedades a Dios. Cuando ya no tienes que usar tu cuerpo físico y la energía mental para combatir los pensamientos negativos, el temor y las preocupaciones, el cuerpo tendrá acceso a la energía que Dios te proveyó para lidiar con las experiencias diarias de la vida.

La búsqueda de la presencia de Dios en la oración

> Él da fuerzas al fatigado, y al que no tiene fuerzas, aumenta el vigor (Isaías 40:29).
>
> Ella se ciñe de fuerza, y fortalece sus brazos (Proverbios 31:17).
>
> [Anden] fortalecidos con todo poder según la potencia de su gloria, para obtener toda perseverancia y paciencia (Colosenses 1:11).

La práctica de la oración

Señor:

Tú das fuerzas al fatigado. Al que no tiene fuerzas, tú le aumentas el vigor. Tú eres mi fuente, pero muy a menudo yo mismo soy piedra de tropiezo para alcanzar ese poder. Solo cuando alineo mis pensamientos con tu verdad, es que puedo deshacerme de la preocupación y la ansiedad. Tu Palabra me promete que tú me guardarás en perfecta paz cuando mi mente se concentra en ti (Isaías 26:3). Señor, ¿dónde empiezo? ¿Cómo puedo deshacerme de las cosas que me causan temor?

Comienzo cambiando mis pensamientos por los tuyos. Comienzo leyendo y meditando en tus promesas. Comienzo destruyendo las fortalezas en mi mente que me causan ansiedad. *Tú tienes el control.* Tú sostienes mi vida y la de mis seres queridos en tus manos. Punto. Ninguna arma forjada en mi contra prosperará. Quizá se forme, pero tu Palabra dice que no prosperará. Tú nunca desamparas al justo. Tú nunca me has abandonado ni me abandonarás. *Todo* lo puedo en Cristo que me fortalece. Cristo me fortalece. Cuando no tengo fuerzas, es porque no miro a Cristo.

Oraciones para ser libres de preocupaciones y ansiedades

Perdóname y ayúdame a quitar la vista del temor y volverme a ti en fe. Dame pequeñas victorias por el camino, piedras que me ayuden a recordar cuando las mire, sabiendo que tú eres quien suple de veras todo lo que necesito, y tu gracia es suficiente para mí. En mi debilidad, tú me haces fuerte. Ayúdame a meditar en esa verdad todo el día. En el nombre de Cristo, amén.

Reflexiones, respuestas y recordatorios personales de la oración

15

La soledad

Preparemos nuestros corazones para la oración

Casi todos nosotros estamos rodeados siempre de personas. Si no es en la proximidad física, seguimos conectados a través del correo electrónico, mensajes de texto, el teléfono y las redes sociales. Sin embargo, el número de personas que reconoce sufrir de soledad se ha duplicado desde 1980[6]. La soledad no tiene nada que ver con la cantidad de amigos que tenga una persona, ni con las diversas interacciones sociales que llenen su agenda. Los investigadores han descubierto que la soledad proviene de la falta de conexión entre las expectativas de una persona acerca de cómo deben ser las relaciones, y la realidad de esas relaciones. Cuando aumenta la insatisfacción con una relación, bien sea con el cónyuge, los hijos, amistades, colegas, familia, relaciones románticas, u otros, se activan los efectos de la soledad.

Algunas de las señales sutiles de que una persona puede sentirse sola incluyen: preocupación por las compras o la adquisición de artículos materiales; tendencia a tomar frecuentes duchas o baños largos; fascinación por los sitios de redes sociales; aumento de peso; baja respuesta del sistema inmune; ver televisión constantemente; y patrones de sueño interrumpidos. Es importante vencer la soledad porque su impacto sobre nuestros cuerpos físicos puede ser trágico. Es más, los sentimientos repetidos de soledad han mostrado aumentar el índice de muerte prematura en un catorce por ciento[7]. (Esto es dos veces la tasa de la obesidad).

Ten presente que la soledad es muy diferente a estar solo. La soledad incluye sentirte desconectado de quienes te rodean, lo cual lleva a la frustración y hasta la depresión. Muchas parejas casadas sufren de soledad, al igual que muchos que parecen tener una vida social activa. La soledad viene de una falta de comprensión y aprecio por otra persona, y viceversa.

Repito, estar solo es diferente a la soledad. Esto puede sorprenderte, pero se ha probado que estar solo por algún tiempo tiene un impacto positivo en la mente y el cuerpo de una persona. Esto incluye aumento en la creatividad, reflexión, análisis personal, descanso, recuperación, sensación de libertad, mayor concentración y hasta mayor autoestima. Estos beneficios a menudo se derivan de una oportunidad que proporciona estar solo, que es tener plena comunión con Dios. Durante su tiempo en la tierra, Jesús se creó el hábito de estar solo. En Mateo 4:1-11, estuvo solo por cuarenta días en el desierto. En Mateo 14:23: «Subió al monte a solas para orar». En Marcos 1:35 leemos que Jesús se alejó mientras todavía era oscuro para ir a un lugar solitario y tener comunión con Dios. Y en Lucas 4:42, una vez más, Jesús se apartó a un lugar para estar solo.

Recuerda que debido a la presencia de Dios en nuestras vidas, estar «solo» nunca es estar solo en realidad. Estás con Dios. Hebreos 13:5 (NVI®) revela una de las verdades más poderosas de la Biblia, la cual se ve en la estructura del griego con mayor claridad. Este corto versículo: «Nunca te dejaré; jamás te abandonaré», contiene cuatro negativos diferentes en el griego. A esto se le llama negación enfática, y es la forma más fuerte de negación que tiene el idioma griego. En inglés y español, dos negativos se cancelan uno al otro y forman un positivo, pero en griego, intensifican el significado. Por tanto, Dios nunca, nunca, nunca, nunca te dejará. Así que aunque estés solo, no estás solo.

Muy a menudo confundimos nuestro temor a la soledad con el estar solo, cuando en realidad, los ratos de solaz se han usado en disciplinas espirituales a través de los siglos. El tiempo a solas con Dios puede darnos fortaleza y refrigerio. Entonces, el antídoto a la soledad no tiene que ver con evitar vernos solos, sino en la clase de relación que tenemos con otros y con el Señor. Aprende a sincerarte con otros y disfruta compartir tu vida con unos cuantos buenos amigos. Aprende a pasar tiempo solo en la presencia de Dios como tu fuente principal de cuidado emocional, amor, protección y placer. Entonces, cuando estés con otros, las expectativas de lo que disfrutan juntos tendrán mayor significado. Trata de poner tus sentimientos en un diario, algo entre tú y el Señor, y descubrirás que Dios es un oyente tierno y un amigo incomparable. ¡Oh, qué amigo nos es Cristo!

La búsqueda de la presencia de Dios en la oración

> Nunca te dejaré; jamás te abandonaré (Hebreos 13:5, NVI®).
>
> Tu esposo es tu Hacedor, el SEÑOR de los ejércitos es su nombre; y tu Redentor es el Santo de Israel, que se llama Dios de toda la tierra (Isaías 54:5).
>
> El hombre de muchos amigos se arruina, pero hay amigo más unido que un hermano (Proverbios 18:24).

La práctica de la oración

Amante Cristo:

Mientras estuviste en la tierra, estableciste un ejemplo para mí de buscar la soledad, a fin de renovar tu alma y recuperar fuerzas. Ayúdame a entender el regalo de la soledad y a incorporarlo de manera significativa a mi vida. Ayúdame a experimentar la presencia de Dios de tal modo que sepa que no estoy solo. Dame sabiduría para reconocer las cosas y actividades que aumentan mis sentimientos de soledad. Si es preciso que deje de comparar y crear expectativas irreales cuando uso las redes sociales, dame la autodisciplina para hacerlo.

Ayúdame a verme como me ves tú. Ayúdame a valorarme mejor por lo que soy y mi comunión contigo. Cuando lo haga, presionaré menos a los demás para que satisfagan las necesidades que tú y yo estamos destinados a satisfacer en mí.

También te pido una mayor intimidad y relaciones más auténticas con amistades y familiares. Permite que sepa lo que significa ser amigo, y tener amigos. Dar y recibir amor de manera incondicional. Cuidar y recibir cuidado. Hablar y escuchar. Señor, tú nos creaste para vivir en comunidad, pero nosotros lo hemos ignorado de muchas maneras. Dirígeme a las relaciones que me ayuden a formar una comunidad auténtica a mi alrededor, donde me pueda conectar de forma genuina. En el nombre de Cristo, amén.

Reflexiones, respuestas y recordatorios personales de la oración

16

La falta de propósito

Preparemos nuestros corazones para la oración

El Buró de Empleos y Estadísticas de Estados Unidos realizó recientemente una investigación y marcó en una gráfica cómo se desarrollaba un día promedio en la vida de las personas. Lo dividieron por género, edad y nivel de educación. Descubrieron que el género, edad o nivel de educación de cada persona no resultó de mucha relevancia, la gráfica era casi la misma. Para algunos, la proporción podía variar; por ejemplo: los ancianos pasaban mucho más tiempo mirando televisión que los más jóvenes; no obstante, en general, las divisiones eran más o menos las mismas.

Estos factores incluían comer, dormir, quehaceres del hogar, trabajo, pasar tiempo con familiares y amigos, pasar tiempo con el Señor, asistir a la iglesia, cuidar de otros, y tiempo de recreo o deportes. En resumen, esa es la vida del estadounidense. Y aunque estas cosas son esenciales e importantes para la vida, lo que a muchos le faltaba era el propósito. Sí, podemos encontrar propósito cuando cuidamos de otros, incluso nuestra familia. También podemos encontrarlo en el trabajo. Aun así, según un reciente artículo de la revista *Forbes*, el cuarenta y dos por ciento de los trabajadores que participaron en la encuesta cambiaron de empleo poco antes debido al estrés[8]. Si la mitad de la fuerza laboral decide abandonar su empleo, esto no dice mucho acerca de encontrar propósito y significado en el trabajo.

Desde muy temprano, nos hacemos preguntas acerca del propósito de la vida, pero muy pocos descubren el suyo. Nos preguntamos: ¿Por qué estoy aquí? ¿Qué se supone que haga? ¿Para qué me crearon? ¿Cuál es mi destino? Estas preguntas resuenan mucho más que el tictac del reloj recordándonos que no estamos aquí para siempre. De modo que preocuparnos por el propósito en la vida puede producir un efecto muy dañino. Es decir, cuando cedemos a la preocupación y la ansiedad por nuestro propósito, lo más probable es que nos perdamos el presente. El propósito es importante. Después de todo, Dios «nos ha salvado y nos ha llamado con un llamamiento santo, no según nuestras obras, sino según su propósito» (2 Timoteo 1:9). Todos tenemos un «llamamiento santo». Aun así, lo que a veces no nos damos cuenta es que ese llamamiento está integrado a nuestra vida cotidiana.

El propósito está en entregarle tus obras al Señor. Se encuentra en si comes o bebes, haciéndolo todo para Dios. El propósito está presente en tus decisiones diarias, en ser un verdadero amigo, familiar o voluntario en la comunidad; en guardar el teléfono celular cuando estás a punto de pagar en el supermercado y preguntarle a la persona que te atiende cómo fue su día; y en vivir una vida que imita a Jesús, quien cambió sus planes cuando estaba cansado, y decidió alimentar a cinco mil personas en vez de mandarlas a sus casas con hambre. Tú no podrás alimentar a cinco mil personas de una vez, pero puedes alimentar a tu familia, a un amigo y hasta un desconocido.

Los grandes propósitos existen, y esto no quiere decir que no debas soñar ni perseguir un gran llamado. No obstante, el antídoto para la preocupación respecto al propósito en tu vida está en darte cuenta de que quizá ya estés viviendo tu propósito en este mismo momento. Los dos mayores mandamientos que recibimos son amar a Dios con todo nuestro corazón y amar a otros como a nosotros mismos. Esto no requiere un título universitario, un viaje misionero, ni siquiera una plataforma. Solo requiere humildad, desinterés, y la gracia para poner a Dios y a otros primero en tu vida. Ese es el mayor propósito de todos. Y es algo que todos podemos hacer, en cualquier momento y dondequiera que estemos. Sueña, sí. En cambio, nunca dejes que tu sueño opaque tu destino diario de amar a Dios y a tu prójimo. Te invito a participar conmigo en un estudio de doce semanas que acabo de publicar titulado *Dream Again* [Vuelve a soñar], y que puedes encontrar en el sitio web www.brucewilkinson.com.

La búsqueda de la presencia de Dios en la oración

> Por esta razón te he permitido permanecer: para mostrarte mi poder y para proclamar mi nombre por toda la tierra (Éxodo 9:16).
>
> Amados míos, tal como siempre habéis obedecido, no solo en mi presencia, sino ahora mucho más en mi ausencia, ocupaos en vuestra salvación con temor y temblor; porque Dios es quien obra en vosotros tanto el querer como el hacer, para su beneplácito (Filipenses 2:12-13).
>
> Somos hechura suya, creados en Cristo Jesús para hacer buenas obras, las cuales Dios preparó de antemano para que anduviéramos en ellas (Efesios 2:10).

La práctica de la oración

Padre:

Enséñame a conocer tus caminos. Dirígeme con tu amor hacia mi llamamiento santo. Ayúdame a reconocer el valor de cada día y el impacto que pueda yo tener sobre quienes me rodean. Permíteme ser el que siembre semillas de vida por mis palabras. Dame la gracia para escuchar de veras e invertir en la vida de otros que pones en mi camino.

Oraciones para ser libres de preocupaciones y ansiedades

Sé que me creaste para cumplir un propósito único que traiga placer a otros y a mí, y te dé la gloria a ti. En mi camino hacia ese propósito, he experimentado etapas de contratiempos, pruebas, desarrollo y desiertos. Estas cosas pueden tentarme a que me preocupe y me pregunte si alguna vez llegaré allí. Sin embargo, Dios, en medio de esa carrera, permite que nunca abandone el propósito diario de amarte y amar a otros. Deleita mi corazón con el gozo de ver cómo puedes usarme en los aspectos más cotidianos y simples de la vida. Ese es el verdadero propósito, y está delante de mis ojos. En el nombre de Cristo, amén.

Reflexiones, respuestas y recordatorios personales de la oración

17

El colapso económico

Preparemos nuestros corazones para la oración

El impacto que el temor al colapso económico produce sobre la salud mental se ha estudiado por un siglo. Antes de la Gran Depresión, la tasa promedio de suicidio era de doce por cada cien mil personas. Durante sus once años de duración, aumentó a diecinueve de cada cien mil. Cuando la bolsa de valores cayó en 2008, el fenómeno conocido como «la depresión de la recesión» comenzó a afectar a muchos, aunque no hubieran perdido sus hogares. A causa de la crisis de la vivienda, las empresas aumentaron los cortes y las cesantías, y una incertidumbre acerca de la salud de la economía nacional se filtró a través de casi todo.

La preocupación y la ansiedad por algo tan fuera de nuestro control inmediato como un colapso económico nos afecta a todos. Nos preocupamos por sostener a nuestras familias, pagar la educación de nuestros hijos, reducir la deuda y vivir de manera segura, sobre todo cuando las amenazas del colapso económico llegan a las noticias. ¿Cómo vencer la tentación de preocuparnos por el estado financiero general de la nación y su impacto sobre nuestras vidas? En primer lugar, debemos reconocer que Dios es soberano y es quien gobierna sobre todas las cosas. A pesar de cómo nos parezcan las cosas, Dios tiene el control. Tanto las riquezas como el honor vienen de Él, y Él gobierna por encima de todo. Esto significa que cuando las riquezas y el honor no vienen con facilidad, como en tiempos de recesión económica, Dios decide permitir una etapa de deseos y carencias. En su mano están el poder y la fortaleza, aun cuando no entendemos sus motivos.

Reconocer que Dios puede proveer, incluso en medio de un colapso económico también puede aliviar el temor a no saber qué hacer si se nos acaba el dinero. Hambriento, el profeta Elías se sentó junto a un arroyo luego de venir huyendo por kilómetros, y Dios fue fiel en su sostén, mandándole cuervos que le llevaran comida. Día y noche, el Señor usó un pájaro para alimentar a su siervo. Cuando de nuestra provisión se trata, a Dios no lo limitan los medios humanos. Es más, puede salirse de sus parámetros, como lo hizo al usar un cuervo (un pájaro que antes se declaró inmundo) para cumplir su propósito.

Una de las peores cosas que podemos hacer por nuestra preocupación es encerrar a Dios en una caja que nos inventamos nosotros. Dios tiene un millón de maneras para suplir las necesidades de quienes se mantienen fieles a Él. Quizá no sea de la manera que lo esperas, pero si te mantienes fiel a Dios y a su soberanía sobre tu vida, nunca te desamparará, ni tus hijos mendigarán pan (Salmo 37:25).

La búsqueda de la presencia de Dios en la oración

> Tuya es, oh Señor, la grandeza y el poder y la gloria y la victoria y la majestad, en verdad, todo lo que hay en los cielos y en la tierra; tuyo es el dominio, oh Señor, y tú te exaltas como soberano sobre todo. De ti proceden la riqueza y el honor; tú reinas sobre todo y en tu mano están el poder y la fortaleza, y en tu mano está engrandecer y fortalecer a todos (1 Crónicas 29:11-12).
>
> Acuérdate del Señor tu Dios, porque Él es el que te da poder para hacer riquezas, a fin de confirmar

> su pacto, el cual juró a tus padres como en este día (Deuteronomio 8:18).
>
> Cuando seguéis la mies de vuestra tierra, no segaréis hasta el último rincón de ella ni espigaréis el sobrante de vuestra mies; los dejaréis para el pobre y para el forastero. Yo soy el SEÑOR vuestro Dios (Levítico 23:22).

La práctica de la oración

Bondadoso Dios:

Tuyo es el ganado sobre mil colinas. Tú eres el hacedor y creador de todas las cosas. Las bodegas de tu reino nunca se vacían. Tuya es la grandeza, el poder, la gloria y la victoria, todo lo que existe en los cielos y la tierra. Tuyo es el dominio, Dios, y exaltado eres sobre todo. Padre, las riquezas y el honor vienen de ti, y tú participas sin importar si las naciones prosperan o si declina la economía.

Al saber esto, mi oración es por tu misericordia, Dios. Por favor, derrama tu misericordia por medio de la sangre de Jesucristo sobre nuestro país y nuestra economía. Demasiados en nuestra nación no te han honrado con la riqueza de esta tierra. Es más, la hemos usado para oprimir a otros. Así que te ruego que tengas misericordia de todos nosotros y de nuestro país, porque solo por tu misericordia es que seremos bendecidos. No merecemos tu bendición, Señor, pero Jesucristo es nuestra justicia y por su nombre apelo ante ti.

Elimina mis temores mientras te entrego mi corazón solo a ti. Limita mis pensamientos sobre lo que podría pasar y lo que podría tener lugar con respecto a nuestra economía nacional, e incluso con respecto a mis propias finanzas. Ayúdame a pensar solo en lo que traiga el día de hoy. Mañana traerá sus propios afanes. Hoy, vuelvo mi rostro a ti, sabiendo que eres el sustentador de todas las cosas. Encuentro mi paz en ti, porque tú puedes dar poder para enriquecer y hacer que una nación sea segura. En el nombre de Cristo, amén.

Reflexiones, respuestas y recordatorios personales de la oración

18

La familia

Preparemos nuestros corazones para la oración

La familia es uno de los mejores regalos que Dios nos ha dado para disfrutar mientras estemos en la tierra. El amor y el vínculo que existe entre las diferentes relaciones dentro del matrimonio y la familia llevan un peso de amor como ninguna otra cosa. Cuando a un anciano le llega el momento de «partir» y pasa a la eternidad, nunca dice haber querido pasar más tiempo trabajando. El remordimiento está en no haber pasado suficiente tiempo con la familia. Cuando la vida se dificulta y llegan los desafíos, es que reconocemos la verdadera importancia de la familia.

Una vez dicho esto, a veces nos encontramos preocupándonos por diferentes cosas en cuanto a nuestras familias. Nos preocupamos por el futuro de nuestros hijos. ¿Estarán seguros? ¿Serán saludables? ¿Tendrán la bendición de un matrimonio satisfecho y un hogar que puedan disfrutar? Nos preocupa si hemos hecho o no un buen trabajo cumpliendo también nuestra función como padres. O como cónyuge. Un abuelo. Incluso como hijo de nuestros propios padres.

Muchos hemos llegado a esa etapa de la vida cuando nos vemos cargados y preocupados por nuestros padres ancianos. ¿Vivirán? ¿Están seguros donde están? ¿Con cuánta frecuencia los visitaremos? ¿Deberían vivir con nosotros? Hacer malabarismos con las demandas de las responsabilidades familiares puede hacer mella en cualquiera. Puede ser agotador imaginarse tantas cosas que pueden ir mal en la vida. Por lo tanto, cuando se trata de superar tus preocupaciones y ansiedades por asuntos relacionados con tu familia, así como por tus preocupaciones sobre el cumplimiento de tu papel familiar, el antídoto se logra al enviarle estas preocupaciones al Señor. En realidad, es demasiado para que lo puedas soportar solo.

Jesús nos dice que vayamos a Él. Todos los que están cansados y cargados encontrarán descanso en Él. Cuando nos unimos a Jesús en obediencia, esto le permite llevar la carga por nosotros. Quizá la obediencia a las instrucciones de Cristo no sea lo que esperabas escuchar acerca de cómo vencer la preocupación por los asuntos familiares, pero mientras más de cerca sigas a Cristo, más fortaleza Él te da.

Cuando permaneces en Él, y su Palabra permanece en ti, tendrás todo lo que necesitas para liberarte de tus pensamientos ansiosos. Una relación íntima de amor con Jesucristo te dará paz en medio de los afanes de este mundo. Nutre tu caminar con Él y tu obediencia a Él, y observa cómo te saca del foso de la preocupación y te lleva a su cuidado delicado y protector.

La búsqueda de la presencia de Dios en la oración

> Y si no os parece bien servir al SEÑOR, escoged hoy a quién habéis de servir: si a los dioses que sirvieron vuestros padres, que estaban al otro lado del Río, o a los dioses de los amorreos en cuya tierra habitáis; pero yo y mi casa, serviremos al SEÑOR (Josué 24:15).
>
> Que el SEÑOR nuestro Dios esté con nosotros, como estuvo con nuestros padres; que no nos deje ni nos abandone (1 Reyes 8:57).
>
> Estas palabras que yo te mando hoy, estarán sobre tu corazón; y diligentemente las enseñarás a tus hijos, y hablarás de ellas cuando te sientes en tu casa y

cuando andes por el camino, cuando te acuestes y cuando te levantes (Deuteronomio 6:6-7).

La práctica de la oración

Padre celestial:

Tú eres el que mejor cuida de mi hogar y mis seres queridos. Tú eres nuestro protector, proveedor y nuestra esperanza. Te ruego que siempre estés con nosotros como estuviste con las familias a través de la Biblia y de las edades. Señor, no nos dejes ni nos desampares. Únenos en tu amor. Únenos bajo tu propósito y placer. En ti, estamos en casa.

Señor, dame sabiduría para cumplir y vivir todos los papeles que tengo en mi familia. Dame la capacidad de discernir lo que hay que hacer y cómo puedo contribuir mejor a las vidas de mis seres queridos. Ayúdame a no nadar en el remordimiento sobre las cosas que hice mal, ni las que dejé de hacer en el pasado, sino a recibir el día de hoy y cumplir mi papel con bondad, compasión, gracia y paciencia.

Cuida de mis seres queridos, jóvenes o viejos. Protégelos, Dios. Ayúdame a descansar en la seguridad de saber que tú los amas más que yo. Cuida de sus cuerpos cuando estén enfermos. Mantenlos saludables. Mantenlos seguros. Cuídalos cuando viajen. Que sus corazones estén satisfechos y sus vidas abundantes. Muéstrales tu gracia. Ayúdame a dejar a un lado lo que no puedo controlar y a confiar que tú cuidas del bienestar de mis familiares. En el nombre de Cristo, amén.

Reflexiones, respuestas y recordatorios personales de la oración

19

Los viajes

Preparemos nuestros corazones para la oración

El miedo a viajar viene atado a una multitud de temores. Estos incluyen:

El temor a lo desconocido
El temor a dejar tu zona de comodidad
El temor a daños físicos en el extranjero
El temor al robo
El temor a volar
El temor a los trenes
El temor a la tensión financiera

Uno o más de estos temores quizá sea parte del miedo que tienes de viajar, lo cual te puede debilitar hasta el punto de nunca salir de tu casa. A esto se le llama *agorafobia*, mientras que el miedo a viajar se conoce por *hodofobia*. Sea cual fuere el nombre, en el peor de los casos puede mantenerte encerrado en tu casa, y en el mejor de los casos, en tu ciudad. Los síntomas de *hodofobia* al viajar incluyen temblores, sudoración, confusión, dificultad para andar por caminos o aeropuertos, dolores de cabeza, problemas gastrointestinales y más.

Entonces, ¿cuál es el antídoto para vencer esta ansiedad interna? Sentir la verdadera presencia de Dios es una manera de vencer la preocupación y la ansiedad de viajar. Esto se debe a que cuando tu espíritu está bien sincronizado con el Espíritu de Dios, sabrás que la seguridad del Señor te acompaña mientras viajas. Dios estará contigo cuando viajas porque Él ya está aquí, allí, y está en todas partes. Si estás familiarizado con los nombres de Dios en la Escritura, quizá vieras el nombre Jehová Shamah. Este peculiar nombre para Dios aparece una sola vez en la Biblia, en Ezequiel 48:35. La traducción literal significa: «El Señor está allí». Aunque el contexto de este versículo indica que este nombre tiene que ver con la ciudad de Jerusalén, el principio detrás del significado también se puede aplicar a tus viajes. Dondequiera que vayas, ya el Señor está allí. Cualquier viaje que quieras dar, el Señor ya está allí. Jehová Shamah no te abandonará si dejas la comodidad de tu propia casa. Es más, muchas personas informan haber experimentado a Dios de una manera nueva y significativa cuando se liberan de sus zonas de comodidad y viajan.

Cuando te escondes en Dios, Él te rodea con su favor como un escudo. Si en algo te ayuda, imagínate estar dentro del globo protector de Dios que va contigo a todas partes. Ese globo es el favor de Dios. Por él, Dios guarda tu salida y tu entrada.

Vencer el afán y la ansiedad cuando de viajar se trata puede ser un reto, y la sanidad no vendrá de un día para el otro. Sin embargo, hay otras cosas que puedes hacer además de acercarte al Señor. Una, tienes que saber qué puedes esperar. Visualiza el viaje entrando a la internet, buscando las rutas, los puntos de referencia, marcadores conocidos y la cultura general de tu destino. Míralo antes de llegar para que no te sientas tan extraño. Duerme bien y esfuérzate por mantenerte hidratado. Viaja con un amigo o pariente. Familiarízate con los procesos de viaje antes de salir. Imprime una copia de todos los documentos necesarios, y no solo dependas de los dispositivos electrónicos como medios de planificación. Empaca para lo inesperado, de modo que nada te tome por sorpresa en caso de urgencia o enfermedad. Estos consejos pueden ayudarte a tener un viaje placentero, pero como sucede con todas las fobias, la mejor forma de vencerla es exponiéndote a la misma: poco a poco, pero de manera segura, y con frecuencia.

La búsqueda de la presencia de Dios en la oración

> Bendito serás cuando entres, y bendito serás cuando salgas (Deuteronomio 28:6).
>
> Porque tú, oh SEÑOR, bendices al justo, como con un escudo lo rodeas de tu favor (Salmo 5:12).
>
> El SEÑOR guardará tu salida y tu entrada desde ahora y para siempre (Salmo 121:8).
>
> ¿Adónde me iré de tu Espíritu, o adónde huiré de tu presencia? Si subo a los cielos, he aquí, allí estás tú; si en el Seol preparo mi lecho, allí estás tú. Si tomo las alas del alba, y si habito en lo más remoto del mar, aun allí me guiará tu mano, y me asirá tu diestra (Salmo 139:7-10).

La práctica de la oración

Amado Señor:

Tú dices que bendices mi entrada y mi salida. Mis bendiciones no dependen de quedarme en un solo lugar. Tampoco mi seguridad. Tu nombre es Jehová Shamah, lo que significa que ya estás allí adonde voy. Puede que no sepa lo que me espera, Señor, pero tú sí lo sabes. Puede que no sepa lo que voy a experimentar, pero tú sí. Cuando descanso en ti y confío en ti, tú enderezas mis pasos delante de mí para que todo lo que necesite hacer sea andar en ellos. Tú eres el gran guía de viajes porque el mundo es tuyo. Tú conoces los mejores lugares a donde ir y la mejor forma de llegar. Dame valor y sabiduría para aventurarme a viajar como nunca antes. Bendíceme con la capacidad, las finanzas y el poder emocional que necesito para explorar con osadía tu gran creación.

Cúbreme de misericordia al viajar, Dios, y alivia los temores que vienen sobre mí y los síntomas que producen. Mi esperanza y mi confianza las pongo en ti. Tú eres el que guarda mi alma y el protector de mi vida. Da firmeza a mis pasos mientras te sigo en fe a donde quiera que me dirijas. Te amo, Señor, y gracias que puedo hablar contigo libremente acerca de las cosas que me hacen sentirme ansioso, y sin juzgarme. En su lugar, eres consuelo silencioso y medida de paz para mi alma. En el nombre de Cristo, amén.

Reflexiones, respuestas y recordatorios personales de la oración

Oraciones para ser libres de preocupaciones y ansiedades

20

La guerra espiritual

Preparemos nuestros corazones para la oración

¿Tienes un familiar o compañero de trabajo que «te saca de quicio»? ¿O quizá seas tú el que saca de quicio a otro? Es una frase que usamos para expresar que conocemos el punto débil en la vida de alguien y lo que provoca que respondan mal. A veces lo hacemos a propósito. Otras por accidente. Aun así, siempre molesta y es una intromisión, algo que irrita a alguien, ¿no es cierto?

Bueno, no son solo los seres humanos los que pueden hacerlo. Satanás conoce bien nuestros puntos débiles. Es más, conoce los puntos débiles de todos. Para una persona, puede ser preocuparse por la salud de un hijo. Para otra, viajar en avión. Una persona puede enfocarse en las finanzas, mientras que otra se preocupa por los microbios. Otra persona puede experimentar ansiedad debilitante sobre si alguna vez tendrá o no relaciones significativas. Otra persona tal vez tema salir al centro comercial. Para otros, es una combinación de todo lo anterior, según la hora, día o etapa de la vida.

La guerra espiritual nunca ataca a todos por igual. Satanás te ha venido estudiando por mucho tiempo. Él y sus demonios nos han estudiado a todos, y a la hora de actuar, sabe bien qué botón apretar y cuándo.

Por eso, el primer paso para salir vencedores en esta guerra espiritual es ser conscientes de esta. Cuando piensas que tu cónyuge, un colega, tu jefe, un vecino, un segmento de telenoticias, un médico o un contador es el causante de la ansiedad y el estrés que sientes, has puesto tu mira en el culpable equivocado. Sí, la gente y las situaciones tienen su parte, pero hay un motivo espiritual detrás de cada actividad física en la que nos involucramos en la tierra. Dios es un Dios intencional, y Satanás es un enemigo intencional.

Entonces, un gran antídoto para la guerra espiritual es pedirle a Dios que te abra los ojos. Pídele que te haga ver lo que hay detrás del escenario, como en 2 Reyes 6:17, cuando el profeta Eliseo le pidió a Dios que abriera los ojos de su siervo para que viera los ángeles y la realidad espiritual a su alrededor. Nosotros también podemos pedirle a Dios que abra nuestros ojos. Quizá no veamos los carruajes literales de fuego como vio el siervo de Eliseo, pero podremos ver lo que hay detrás de los ataques espirituales y encontrar la raíz de la batalla. La Biblia dice que si pedimos sabiduría y no dudamos, Dios nos la dará (Santiago 1:5).

Cuando te enfrentes a la guerra espiritual en tu vida (y si eres cristiano la enfrentarás con regularidad), pide sabiduría en vez de sucumbir ante la preocupación. Dios te mostrará cómo pelear cada batalla que se te presente delante.

La búsqueda de la presencia de Dios en la oración

> Pónganse toda la armadura de Dios para poder mantenerse firmes contra todas las estrategias del diablo (Efesios 6:11, NTV).
>
> Aunque andamos en la carne, no luchamos según la carne; porque las armas de nuestra contienda no son carnales, sino poderosas en Dios para la destrucción de fortalezas (2 Corintios 10:3-4).
>
> Él dará órdenes a sus ángeles acerca de ti, para que te guarden en todos tus caminos (Salmo 91:11)

La práctica de la oración

Rey de gloria:

Tu Palabra dice que tú adiestras mis manos para la guerra y mis dedos para la batalla (Salmo 144:1). Enseña a mis manos a pelear la guerra espiritual, e instruye a mis dedos para luchar. Las armas que debo usar para librar una guerra espiritual no son carnales. Son divinas y poderosas para destruir fortalezas. Señor, dame la sabiduría que necesito para usar esas armas con rectitud. Además, dispara tus flechas y haz huir al enemigo. Quita las que sean demasiado fuertes para mí. Líbrame, y llévame a un lugar amplio y lleno de paz.

Soy tu hijo, y tú eres mi libertador. Te ruego que pueda vencer cualquier zarandeo que Satanás intente hacer en mi vida. Limpia mi corazón, Señor, para que no le dé a Satanás una fortaleza desde la cual librar una guerra eficaz en mi contra. Condúceme a arrepentirme de los pecados de los que aún no me he apartado, y fortalece mi obediencia hacia ti. Resisto al enemigo y me someto a Dios, confiando en su poder y presencia. Permanezco sobrio y consciente, sabiendo que toda la autoridad se le ha dado a Jesús y estoy sentado con Cristo en los cielos. En el nombre de Cristo, amén.

Reflexiones, respuestas y recordatorios personales de la oración

Apéndice

Lista de pasajes bíblicos para superar la preocupacion

No se preocupen por nada; en cambio, oren por todo. Díganle a Dios lo que necesitan y denle gracias por todo lo que él ha hecho. Así experimentarán la paz de Dios, que supera todo lo que podemos entender. La paz de Dios cuidará su corazón y su mente mientras vivan en Cristo Jesús.

Filipenses 4:6-7, NTV

Por eso les digo que no se preocupen por la vida diaria, si tendrán suficiente alimento y bebida, o suficiente ropa para vestirse. ¿Acaso no es la vida más que la comida y el cuerpo más que la ropa? Miren los pájaros. No plantan ni cosechan ni guardan comida en graneros, porque el Padre celestial los alimenta. ¿Y no son ustedes para él mucho más valiosos que ellos? ¿Acaso con todas sus preocupaciones pueden añadir un solo momento a su vida? ¿Y por qué preocuparse por la ropa? Miren cómo crecen los lirios del campo. No trabajan ni cosen su ropa; sin embargo, ni Salomón con toda su gloria se vistió tan hermoso como ellos. Si Dios cuida de manera tan maravillosa a las flores silvestres que hoy están y mañana se echan al fuego, tengan por seguro que cuidará de ustedes. ¿Por qué tienen tan poca fe? Así que no se preocupen por todo eso diciendo: "¿Qué comeremos?, ¿qué beberemos?, ¿qué ropa nos pondremos?". Esas cosas dominan el pensamiento de los incrédulos, pero su Padre celestial ya conoce todas sus necesidades. Busquen el reino de Dios por encima de todo lo demás y lleven una vida justa, y él les dará todo lo que necesiten.

Así que no se preocupen por el mañana, porque el día de mañana traerá sus propias preocupaciones. Los problemas del día de hoy son suficientes por hoy.

Mateo 6:25-34, NTV

La paz os dejo, mi paz os doy; no os la doy como el mundo la da. No se turbe vuestro corazón, ni tenga miedo.

Juan 14:27

Confía en el SEÑOR con todo tu corazón, y no te apoyes en tu propio entendimiento. Reconócele en todos tus caminos, y Él enderezará tus sendas.

Proverbios 3:5-6

Mi Dios les proveerá de todo lo que necesiten, conforme a las gloriosas riquezas que tiene en Cristo Jesús.

Filipenses 4:19, NVI®

¿Qué diremos a esto? Si Dios está por nosotros, ¿quién estará contra nosotros?

Romanos 8:31

Venid a mí, todos los que estáis cansados y cargados, y yo os haré descansar. Tomad mi yugo sobre vosotros y aprended de mí, que soy manso y humilde de corazón, y hallareis descanso para vuestras almas. Porque mi yugo es fácil y mi carga ligera.

Mateo 11:28-30

Humillaos, pues, bajo la poderosa mano de Dios, para que Él os exalte a su debido tiempo, echando toda vuestra ansiedad sobre Él, porque Él tiene cuidado de vosotros.

1 Pedro 5:6-7

No temas, porque yo estoy contigo; no te desalientes, porque yo soy tu Dios. Te fortaleceré, ciertamente te ayudaré, sí, te sostendré con la diestra de mi justicia.

Isaías 41:10

¡Que el Dios de la esperanza los llene de todo gozo y paz en la fe, para que rebosen de esperanza por el poder del Espíritu Santo!

Romanos 15:13, RVC

En el amor no hay temor, sino que el perfecto amor echa fuera el temor, porque el temor lleva en sí castigo. Por lo tanto, el que teme, no ha sido perfeccionado en el amor.

1 Juan 4:18, RVC

Sabemos que para los que aman a Dios, todas las cosas cooperan para bien, esto es, para los que son llamados conforme a su propósito.

Romanos 8:28

La fe es la certeza de lo que se espera, la convicción de lo que no se ve.

Hebreos 11:1

No te irrites a causa de los malhechores; no tengas envidia de los que practican la iniquidad. Porque como la hierba pronto se secarán, y se marchitarán como la hierba verde. Confía en el Señor, y haz el bien; habita en la tierra, y cultiva la fidelidad. Pon tu delicia en el Señor, y Él te dará las peticiones de tu corazón.

Salmo 37:1-4

Ustedes que temen mi nombre, se levantará el Sol de Justicia con sanidad en sus alas. Saldrán libres, saltando de alegría como becerros sueltos en medio de los pastos.

Malaquías 4:2, NTV

Yo soy el Señor, tu Dios, que sostiene tu mano derecha; yo soy quien te dice: «No temas, yo te ayudaré».

Isaías 41:13, NVI®

El Señor es mi pastor, nada me falta; en verdes pastos me hace descansar. Junto a tranquilas aguas me conduce; me infunde nuevas fuerzas. Me guía por sendas de justicia por amor a su nombre. Aun si voy por valles tenebrosos, no temo peligro alguno porque tú estás a mi lado; tu vara de pastor me reconforta. Dispones ante mí un banquete en presencia de mis enemigos. Has ungido con perfume mi cabeza; has llenado mi copa a rebosar. La bondad y el amor me seguirán todos los días de mi vida; y en la casa del SEÑOR habitaré para siempre.

Salmo 23:1-6, NVI®

Hermanos, yo les ruego, por las misericordias de Dios, que se presenten ustedes mismos como un sacrificio vivo, santo y agradable a Dios. ¡Así es como se debe adorar a Dios! Y no adopten las costumbres de este mundo, sino transfórmense por medio de la renovación de su mente, para que comprueben cuál es la voluntad de Dios, lo que es bueno, agradable y perfecto.

Romanos 12:1-2, RVC

De tal manera amó Dios al mundo, que dio a su Hijo unigénito, para que todo aquel que cree en Él, no se pierda, mas tenga vida eterna.

Juan 3:16

Aunque la higuera no eche brotes, ni haya fruto en las viñas; aunque falte el producto del olivo, y los campos no produzcan alimento; aunque falten las ovejas del aprisco, y no haya vacas en los establos, con todo yo me alegraré en el SEÑOR, me regocijaré en el Dios de mi salvación. El

Señor Dios es mi fortaleza; Él ha hecho mis pies como los de las ciervas, y por las alturas me hace caminar.

Habacuc 3:17-19

Estad quietos, y sabed que yo soy Dios; exaltado seré entre las naciones, exaltado seré en la tierra.

Salmo 46:10

El Señor es refugio de los oprimidos; es su baluarte en momentos de angustia. En ti confían los que conocen tu nombre, porque tú, Señor, jamás abandonas a los que te buscan.

Salmo 9:9-10, NVI®

Todos los sedientos, venid a las aguas; y los que no tenéis dinero, venid, comprad y comed. Venid, comprad vino y leche sin dinero y sin costo alguno. ¿Por qué gastáis dinero en lo que no es pan, y vuestro salario en lo que no sacia? Escuchadme atentamente, y comed lo que es bueno, y se deleitará vuestra alma en la abundancia. Inclinad vuestro oído y venid a mí, escuchad y vivirá vuestra alma; y haré con vosotros un pacto eterno, conforme a las fieles misericordias mostradas a David.

Isaías 55:1-3

No se turbe vuestro corazón; creed en Dios, creed también en mí.

Juan 14:1

El Señor es fiel, y él los fortalecerá y los protegerá del maligno.

2 Tesalonicenses 3:3, NVI®

Jesús le dijo: «¿No te he dicho que, si crees, verás la gloria de Dios?».

Juan 11:40, RVC

El SEÑOR es mi luz y mi salvación; ¿a quién temeré? El SEÑOR es la fortaleza de mi vida; ¿de quién tendré temor?

Salmo 27:1

No quebrará la caña cascada, ni apagará la mecha que humea, hasta que lleve a la victoria la justicia.

Mateo 12:20

Mirad cuán gran amor nos ha otorgado el Padre, para que seamos llamados hijos de Dios; y eso somos. Por esto el mundo no nos conoce, porque no le conoció a Él.

1 Juan 3:1

Bendice, alma mía, al SEÑOR, y bendiga todo mi ser su santo nombre. Bendice, alma mía, al SEÑOR, y no olvides ninguno de sus beneficios. Él es el que perdona todas tus iniquidades, el que sana todas tus enfermedades; el que rescata de la fosa tu vida, el que te corona de bondad y compasión; el que colma de bienes tus años, para que tu juventud se renueve como el águila.

Salmo 103:1-5

Muchos son los dolores del impío, pero al que confía en el SEÑOR, la misericordia lo rodeará.

Salmo 32:10

Echa sobre el SEÑOR tu carga, y Él te sustentará; Él nunca permitirá que el justo sea sacudido.

Salmo 55:22

Podemos decir con toda confianza: «El Señor es quien me ayuda; no temeré lo que pueda hacerme el hombre».

Hebreos 13:6, RVC

Tened por sumo gozo, hermanos míos, el que os halléis en diversas pruebas, sabiendo que la prueba de vuestra fe produce paciencia, y que la paciencia tenga su perfecto resultado, para que seáis perfectos y completos, sin que os falte nada.

Santiago 1:2-4

Estas cosas os he hablado para que en mí tengáis paz. En el mundo tenéis tribulación; pero confiad, yo he vencido al mundo.

Juan 16:33

En esto se manifestó el amor de Dios en nosotros: en que Dios ha enviado a su Hijo unigénito al mundo para que vivamos por medio de El. En esto consiste el amor: no en que nosotros hayamos amado a Dios, sino en que El nos amó a nosotros y envió a su Hijo como propiciación por nuestros pecados.

1 Juan 4:9-10

La ansiedad en el corazón del hombre lo deprime, mas la buena palabra lo alegra.

Proverbios 12:25

Yo fui joven, y ya soy viejo, y no he visto al justo desamparado, ni a su descendencia mendigando pan.

Salmo 37:25

Notas

1. Christopher Bergland, «How Does Medicine Reduce Anxiety at a Neural Level?», *Psychology Today*, y de junio de 2013, https://www.psychologytoday.com/blog/the-athletes-way/201306/how-does-meditation-reduce-anxiety-neural-level.

2. Carolyn Gregoire, «What Constant Exposure to Negative News Is Doing to Our Mental Health», *Huffington Post*, 9 de febrero de 2015, http://www.huffingtonpost.com/2015/02/19/violent-media-anxiety_n_6671732.html.

3. Charles C.W. Cooke, «Careful with the Panic: Violent Crime and Gun Crime Are Both Dropping», *National Review*, 30 de noviembre de 2015, http://www.nation-alreview.com/corner/427758/careful-panic-violent-crime-and-gun-ar-both-dropping=charles-c-w-cooke. Consultado el 6 de febrero de 2017.

4. Alexandra Sifferlin, «Divorce More Likely When Wife Falls Ill», *Time*, 1 de mayo de 2014, http://time.com/83486/divorce-is-more-likely-if-the-wife-not-the husband-gets-sick/.

5. Scott Clement y Julie Eilperin, «Americans More Fearful of a Major Terrorist Attack in the U.S., Poll Finds», *Washington Post*, 20 de noviembre de 2015, https://www.washingtonPost.com/politics/americans-more-fearful-of-a-major-terror-attack-in-the-us-poll-finds/2015/11/20/ec6310ca-8f9a-11e5-aelf-af46b7df8483_story.html. Consultado el 29 de marzo de 2017.

6. Dhruv Khullar, «How Social Isolation Is Killing Us», *The New York Times*, 22 de diciembre de 2016, http://www.nytimes.com/2016/12/22/upshot/how-social-isolation-is-killing-us.html.

7. Dr. Guy Winch, «Loneliness Increases Chances of Early Death by 14%», *Psychology Today*, 19 de febrero de 2014, http://www.psychologytoday.com/blog/the-squeaky-wheel/201402/loneliness-increases-chances-early-death-14.

8. Kathryn Dill, «Survey: 42% of Employees Have Changed Jobs Due to Stress», *Forbes*, 18 de abril de 2014, http://www.forbes.com/sites/kaathryndill/2014/04/18/survey-42-of-employees-have-changed-jobs-due-to-stress/#611ed3le3380. Consultado el 29 de marzo de 2017.